Con

Si está interesado en recibir información sobre libros empresariales, envíe su tarjeta de visita a:

Ediciones Gestión 2000, S.A.
Departamento de promoción
Urgell, 151, entlo. 7.ª
08036 Barcelona
Tel. (93) 454 36 77

Y la recibirá sin compromiso alguno por su parte.

Joan M. Amat i Salas

Control
Presupuestario

© Ediciones Gestión 2000, S.A.
© Joan M. Amat i Salas

3.ª Edición: Febrero 1992

Dep. legal: B. 8.266 - 1992
ISBN: 84-86582-06-7

Impreso en Romanyà/Valls, S. A.
Verdaguer, 1 - 08786 Capellades (Barcelona)

Impreso en España
Printed in Spain

Indice

Presentación

La necesidad de una mayor profesionalización de la empresa española para adaptarse a las condiciones del entorno requiere una mayor atención a los instrumentos de gestión y, en particular, a los de carácter económico-financiero.

En este sentido el presente libro, conjuntamente con el texto «Contabilidad de costes», publicado por la misma editorial en su primera edición en agosto de 1987, pretende contribuir a un mejor conocimiento de estas técnicas y facilitar su implantación.

En el libro se exponen tanto la filosofía como las diferentes técnicas del control presupuestario presentando los elementos que constituyen, integran e influyen en un sistema de control fundamentado en la elaboración de un presupuesto y en la evaluación de las desviaciones reales respecto al presupuesto inicial.

Para facilitar la comprensión y seguimiento del texto el enfoque del mismo es eminentemente práctico, de manera que se presenta progresivamente el esquema conceptual de cada tema a través del desarrollo de dos casos prácticos.

Al objeto de introducirnos de forma gradual en las diferentes técnicas del control presupuestario y facilitar la comprensión de los conceptos que se van exponiendo, el texto está estructurado en seis capítulos.

En el primer capítulo se hace una introducción a la técnica del control presupuestario como instrumento de control que profundiza en el análisis económico-financiero a partir de la contabilidad general y de la contabilidad de costes. En este capítulo se exponen las principales características del sistema así como las exigencias que requiere para su implantación.

En el segundo capítulo se presenta el proceso de planificación relacionando el control presupuestario con la planificación a largo plazo de la empresa. Igualmente, se indican las diferentes fases a través de las cuales se realiza el proceso de confección del presupuesto.

En los capítulos tercero y cuarto se desarrolla la técnica de la confección del presupuesto. Por cuestiones pedagógicas se ha distinguido entre las empresas de servicios y comerciales (capítulo 3) y las empresas industriales (capítulo 4). En el tercero se presenta la confección del presupuesto en una empresa de servicios que tiene una actividad comercial. A través de este caso se muestra la elaboración de la cuenta de resultados previsional por departamentos o centros de responsabilidad y total, el presupuesto de tesorería y el balance previsional. En el cuarto capítulo se profundiza en la elaboración del presupuesto en una empresa industrial dedicando un énfasis especial a la elaboración de los costes standard de fabricación a través del cálculo del coste unitario en base tanto a cada mes como a un único coste anual. Igualmente se profundiza en la elaboración del presupuesto a través de la técnica del presupuesto flexible. En el cuarto capítulo se utiliza principalmente el sistema Full Costing (o de imputación de los gastos indirectos de fabricación de los productos fabricados) con una mención al sistema Direct Costing (o de imputación exclusivamente de los gastos de fabricación variables a los productos). En el capítulo tercero el sistema que se utiliza es el Direct Costing (dado que se consideran como costes de los productos exclusivamente los ligados a los materiales que se comercializan).

En los capítulos quinto y sexto, una vez elaborado el presupuesto y a partir de la información real obtenida a fin de período, se desarrollan las diferentes técnicas para el cálculo de las desviaciones presupuestarias. Para facilitar su comprensión se explican de forma gradual los diferentes procedimientos de menor a mayor complejidad que se pueden utilizar para la realización de dicho cálculo.

Como conclusión a esta presentación, querría agradecer a la Dirección de EADA y, en particular, a David Parcerisas y Oriol Amat, así como a Edicions Gestió 2.000, S.A. todo su apoyo, colaboración y comprensión prestados durante el proceso de elaboración del libro. Igualmente querría agradecer al Departamento de Estudios Económicos y Financieros de EADA y, en particular a los profesores Carles Esquerré, Gerard Ballestà y Ferran Mir sus sugerencias y colaboración.

El autor

1

La importancia del control económico-financiero de la gestión empresarial

La necesidad de disponer de un adecuado sistema de control de gestión ha ido siendo cada vez mayor como resultado de los cambios que se han ido produciendo, especialmente desde el año 1973, en el entorno empresarial. La drástica reducción de la rentabilidad, la obsolencia del modelo empresarial de los años 60 y la exigencia de una mayor competitividad exigen la profesionalización de la gestión directiva y la utilización de técnicas analíticas de dirección y control más sofisticadas.

La favorable situación económica de la que había gozado la empresa española antes de 1973 había permitido un sistema de control poco sofisticado, intuitivo y basado en la centralización de las principales funciones de la empresa en la persona de su gerente (que generalmente solía ser también su principal propietario). El sistema de control se caracterizaba por los siguientes aspectos:

— El control se hacía, en muchos casos, de forma intuitiva y mediante el contacto personal y la supervisión directa.

— No solía existir un sistema formalizado de objetivos globales para toda la empresa ni específicos para los diferentes departamentos y responsables.

— El sistema contable era poco sofisticado y poco homogéneo, pues no existía ningún Plan General de Contabilidad en España. Por otra parte, la información era poco utilizada como herramienta de control.

— El sistema contable solía tener bastantes defectos formales por la utilización de procedimientos poco correctos (amortizaciones en base a criterios fiscales y no en función de la depreciación real, la

11

valoración de existencias se solía realizar de forma intuitiva, las técnicas de imputación de costes repartían todos los gastos a los productos con criterios no siempre objetivos, no se realizaba ninguna consideración específica de la influencia de la inflación en los estados contables) que limitaban la fiabilidad de la información.

— La gerencia solía considerar la contabilidad más como una obligación legal que como un sistema de información.

— El sistema de evaluación era bastante informal y sobre la marcha, con limitada utilización de técnicas financicras y en función, principalmente, de criterios cualitativos no siempre basados en la eficacia.

Sin embargo, a partir de mediados de la década de los años 70 y como consecuencia de la caída de la rentabilidad y de la reducción de la capacidad competitiva empresarial, las empresas se ven obligadas a un inevitable proceso de racionalización y ajuste.

Para facilitar este proceso de mejora de la capacidad de supervivencia empresarial se ha ido haciendo cada vez más necesario el mejorar los diferentes sistemas de dirección y, en particular, los de información para el control entre los cuales hay que destacar, especialmente, los de carácter económico-financiero.

1.1 El concepto de control de gestión

La supervivencia y el éxito empresarial exigen una adaptación continua de la empresa al entorno tratando de lograr la máxima eficacia en el funcionamiento de su organización interna y de sus operaciones. Ello exige la adopción de un estilo estratégico de gestión, así como un control permanente de la evolución de la empresa para detectar posibles desviaciones respecto al funcionamiento adecuado y necesario.

Si nos centramos en el concepto de control, podemos distinguir dos perspectivas diferentes. Desde una perspectiva limitada podemos entender el proceso de control como el análisis a posteriori de la eficacia de la gestión de los diferentes responsables en relación a lo que se debería haber conseguido. Digamos, por tanto, que una primera perspectiva del proceso de control sería la que se basaría en la comparación del resultado obtenido respecto al posible o al deseado.

No obstante, desde una perspectiva más amplia y dinámica podemos considerar que el control de gestión es el conjunto de procedimientos que guían no sólo el control del resultado, sino también la elección del comportamiento de los que deben tomar decisiones para que actúen lo más eficientemente posible a fin de alcanzar los objetivos de la organización a partir de los recursos disponibles.

Con esta segunda perspectiva podemos ver cómo el control de gestión también es una técnica que limita el margen de elección de los «responsables» en su toma de decisiones y en su comportamiento y puede facilitar la convergencia entre los objetivos de la organización y los objetivos individuales.

No hay duda de que la mejor forma de ir valorando la convergencia entre las decisiones que se van tomando con los resultados que comportan y las expectativas planteadas «a priori» es estimulando el autocontrol que todos podemos realizar de forma intuitiva de nuestras propias tareas mientras las desarrollamos. Esta forma de autocontrol puede ir acompañada, paralelamente, del análisis a posteriori y más formalizado de los resultados que elabore nuestro sistema de información respecto a las desviaciones obtenidas.

El correcto funcionamiento de cualquier organización exige que todos sus componentes se comporten de la manera que sea la más adecuada para el logro de sus objetivos. Diversos son los elementos que configuran un sistema de control:

— En primer lugar, es fundamental el definir los objetivos de la organización (enmarcándolos dentro de la estrategia a largo plazo de la empresa) en función de las características de su entorno y de sus puntos fuertes y débiles. Hemos de tener en cuenta que sólo cuando se han formulado objetivos puede tener sentido la función de control.

— En segundo lugar, hay que disponer de una estructura organizativa que facilite la convergencia entre las decisiones que tomen las personas que forman parte de la empresa y los objetivos de la organización. Ello implica:

• el diseño del sistema formal de decisión de cada una de las personas de la organización (organigrama, funciones por departamento y por persona, nombramiento de responsables para los diferentes centros, grado de descentralización de cada decisión, sistema de cualificación, sistema de coordinación entre departamentos) que clarifique las responsabilidades de cada miembro de la organización. A partir de la definición de responsabilidades se puede realizar la formulación y comunicación de los subobjetivos departamentales, que están definidos a partir de la especificación de los objetivos estratégicos globales a los diferentes centros de responsabilidad,

- el diseño de un sistema de indicadores de control por centro de responsabilidad que guíe el comportamiento y el control de cada responsable y que permita su evaluación.

— Y por último, será necesario disponer de un sistema de información, intuitivo o formalizado, que posibilite la evaluación de la gestión de cada responsable y permita la corrección de aquellas variables que interese modificar para mejorar la eficacia de la empresa.

Los sistemas formalizados serán más útiles en la medida en que las decisiones y las acciones que se tomen sean repetitivas, los objetivos sean claros y específicos, el conocimiento del resultado de una acción pueda ser conocido «a priori» y el resultado pueda ser fácilmente medido. En la medida en que esto no se cumpla, será necesario diseñar mecanismos organizativos complementarios o promover la motivación individual y aquellos valores organizativos que puedan ser compartidos por las personas que forman parte de la empresa.

1.2 La medición de cada centro de responsabilidad mediante un sistema económico-financiero de carácter contable

Trataremos de exponer en este apartado los distintos sistemas de medición del resultado y, en particular, los sistemas de carácter contable, que pueden facilitar información para el control. Cada uno de estos sistemas puede ser histórico o previsional. Este último se desarrollará en los siguientes capítulos exponiendo ahora las principales características de los sistemas históricos. Dentro de éstos distinguiremos dos sistemas: contabilidad general (o financiera) y contabilidad analítica. Para ver el tipo de información que elabora cada sistema desarrollaremos un caso concreto que permitirá señalar las diferencias.

1.2.1 La medición mediante un sistema de contabilidad general

La contabilidad general o financiera persigue la obtención de dos estados contables: el balance de situación y la cuenta de resultados. Esta es la información contable básica y a partir de ella:

— mediante la cuenta de resultados se puede conocer la situación económica de la empresa y concretamente la rentabilidad (ver cuadro 1.1) y

— mediante el balance de situación se puede conocer la situación financiera de la empresa y concretamente la solvencia en la financiación del activo (ver cuadro 1.2).

Esta información puede ser suficiente para controlar una empresa que no tenga una excesiva complejidad o que no requiera demasiada

	DEBE	HABER	
52.000	Compras	Ventas	114.000
2.000	Materiales indirectos		
6.000	Saldo inicial de existencias	Saldo final de existencias	10.000
34.000	Gastos personal	Otros	2.000
4.000	Gastos financieros		
1.500	Tributos		
7.000	Trabajos, suministros y servicios exteriores		
1.500	Transportes		
5.000	Gastos diversos		
4.000	Amortización		
1.000	Otros		
118.000	Total	Total	126.000
8.000	Saldo acreedor		
126.000	Total	Total	126.000

Cuadro 1.1 Cuenta de explotación
(Datos en miles de pesetas.)

15

El cuadro resumido podría ser:

52.000	Compras	Ventas	114.000
2.000	Materiales indirectos		
6.000	Saldo inicial	Saldo final	10.000
54.000	Gastos explotación	Otros	2.000
4.000	Gastos financieros		
118.000	Total	Total	126.000
8.000	Beneficio		
126.000	Total	Total	126.000

Cuadro 1.1 *(Continuación)* Cuenta de explotación
(Datos en miles de pesetas.)

	DEBE	*HABER*	
40.000	Activo inmovilizado	Capital social	20.000
−16.000	(−) Amortización acumulada	Reservas	12.000
		Resultados del ejercicio	8.000
		Exigible a largo plazo	5.000
24.000	Inmovilizado neto	Proveedores	9.000
10.000	Existencias	Otro exigible a corto plazo	6.000
22.000	Realizable		
4.000	Disponible		
60.000	Total	Total	60.000

Cuadro 1.2 Balance de situación
(Datos en miles de pesetas)

sofisticación. En condiciones en que el entorno es estable, la empresa tiene poca complejidad, la dirección está centralizada y no hay excesiva competencia, este sistema puede ser muy adecuado.

Este control puede ser mejorado mediante una serie de estadísticas extracontables sobre la producción (unidades producidas, horas trabajadas, mermas, etc.), o sobre las ventas (unidades vendidas por zona o producto).

Es obvio que la propia simplicidad del sistema no facilita un control analítico cuando la empresa tiene una cierta complejidad (varios departamentos, varios productos, varios mercados, etc.), para ello será conveniente disponer de un sistema de contabilidad analítica. Un cierto avance que puede suponer una mejora importante en el sistema de información para el control de los diferentes centros de responsabilidad y que no supone ninguna complicación en el sistema de medición de los resultados, es la determinación de una serie de criterios de imputación de los gastos de la empresa a los distintos departamentos de que se compone ésta. Ello puede permitir el análisis (histórico o presupuestario) del importe de los gastos de cada centro de responsabilidad. El cuadro 1.3 ilustra un ejemplo de determinación de los gastos por centros. Este cuadro muestra cómo se reparten los gastos indirectos, los 54.000 de gastos de explotación del cuadro 1.1 más los 2.000 de material indirecto, por departamentos. Cuando la dimensión de la empresa se va haciendo mayor, el cuadro 1.3 puede complementarse mediante los cuadros 1.4, 1.5 y 1.6, que facilitan el control por excepción de cada nivel de responsabilidad.

1.2.2 La medición mediante un sistema de contabilidad analítica

Cuando la empresa tiene cierta complejidad, la contabilidad general es insuficiente y es necesario disponer de un sistema de contabilidad analítica.

La contabilidad analítica o de costes persigue la obtención de los costes por actividad (ya sea por productos, mercados, clientes, etc.) con el objeto de poder controlar mejor cada una de dichas actividades. Para ello se debe calcular el coste unitario de fabricación (si se utiliza el sistema Full Costing) o el coste variable unitario (si se utiliza el sistema Direct Costing) por cada unidad fabricada y/o vendida, mediante la aplicación de unos determinados criterios objetivos que facilitan la distribución de los gastos de cada departamento a los distintos productos y unidades que se han procesado durante un determinado período.

Concepto	Total empresa	Direcc. general	Direcc. fábrica	Total dpto. producción	Sección A	Sección B	Mantenimiento	Total Depto. comerc.	Dir. cial.	Zona 1	Zona 2	Depto. Admón.
Material. indirectos	2.000			2.000	1.000		1.000					
Gastos personal	34.000	3.000	2.000	14.000	5.000	4.000	5.000	10.000	2.000	6.000	2.000	5.000
Tributos	1.500			500		500		1.000		500	500	
Alquileres	4.000	500		1.500	1.000	500		1.000	1.000			1.000
Suministros	3.000			2.000	1.000	1.000						1.000
Transportes	1.500							1.500	500	500	500	
Gastos diversos	5.000	500		1.000	500	500		500			500	3.000
Amortizaciones	4.000			1.000	500	500		2.000	500	500	1.000	1.000
Otros	1.000	1.000										
Total	56.000	5.000	2.000	22.000	9.000	7.000	6.000	16.000	4.000	7.500	4.500	11.000

Responsabilidad del director general. — Responsabilidad del director producción. — Responsabilidad de jefes de sección — Responsabilidad del director comercial. — Responsabilidad del director comercial. — Resonsabilidad jefes zona. — Responsabilidad del director administrativo.

Cuadro 1.3 Determinación de gastos por centros. (Datos en miles de pesetas.)

Centro de Responsabilidad	Importe Mes	Importe Acumulado
Dirección	5.000	40.000
Producción	24.000	237.000
Comercial	16.000	201.000
Administración	11.000	82.000
Total costes	56.000	560.000

Cuadro 1.4 El centro de responsabilidad de dirección general
(Datos en miles de pesetas.)

Centro de Responsabilidad	Importe Mes	Importe Acumulado
Dirección Producción	2.000	10.000
Sección A	9.000	86.000
Sección B	7.000	74.000
Mantenimiento	6.000	67.000
Total costes	24.000	237.000

Cuadro 1.5 El centro de responsabilidad de dirección de producción
(Datos en miles de pesetas.)

Centro de Responsabilidad	Importe Mes	Importe Acumulado
Materiales	1.000	9.000
Mano de Obra Directa	4.000	41.000
Mano de Obra Indirecta	1.000	11.000
Mantenimiento	1.000	8.000
Otros	2.000	17.000
Total costes	9.000	86.000

Cuadro 1.6 El centro de responsabilidad de la Sección A.
(Datos en miles de pesetas.)

El cálculo del coste unitario permitirá determinar el margen por producto o por zona o por cliente o por centro de producción o por centro de responsabilidad.

El cuadro 1.7 permite ilustrar la aplicación de un sistema de contabilidad analítica al control de gestión al posibilitar la obtención de una cuenta de resultados por línea de actividad (por zonas geográficas y productos, por ejemplo).

Observemos que el BAT (beneficio antes de impuestos) no coincide con el obtenido en el cuadro 1.1. Ello se debe a la diferente valoración de las existencias que se puede producir entre la contabilidad general y la contabilidad analítica, al calcularlas, en el segundo caso, en base al coste de fabricación unitario.

Para la obtención de la cuenta de resultados del cuadro 1.7 ha sido necesario elaborar una serie de cálculos previos, que son propios de la mecánica de la contabilidad analítica.

Concepto	Total empresa	Zona 1			Zona 2		
		Total Zona 1	Prod. M	Prod. N	Total Zona 2	Prod. M	Prod. N
Ventas	114.000	60.000	40.000	20.000	54.000	30.000	24.000
(−) Coste ventas	73.800	43.080	30.840	12.240	30.720	15.420	15.300
Margen bruto	40.200	16.920	9.160	7.760	23.280	14.480	8.800
(−) Costes asign. prods.	11.000	5.000	2.000	3.000	6.000	2.000	4.000
Margen productos	29.200	11.920	7.160	4.760	17.280	12.480	4.800
(−) Costes asign. zona	12.000	7.500	—	—	4.500	—	—
Margen zona	17.200	4.420			12.780		
(−) Costes no asignab.	4.200						
BAIT	13.000						
(−) Gastos financieros	4.000						
BAT (1)	9.000						
(−) Impuestos	3.000						
B.º neto (1)	6.000						

Responsabilidad del jefe de zona

Responsabilidad del director general

Cuadro 1.7 Cuenta de resultados analítica por productos y zonas de venta (Datos en miles de pesetas.)

En primer lugar, se supone que se han vendido 600 unidades del producto M en la zona 1 a un precio unitario de 66.666 ptas./unidad y 300 en la zona 2 a un precio de 100.000 ptas./unidad. Igualmente se han vendido 80 unidades del producto N en la zona 1 a un precio de 250 ptas./unidad y 100 del mismo producto en la zona 2, a un precio de 240.000 ptas./unidad.

En segundo lugar, se ha tenido que realizar el cálculo del coste por sección por hora trabajada (ver cuadro 1.8). El cuadro 1.8 permite analizar el cálculo del coste por hora (todos los importes son en miles de pesetas). Aquí se ha supuesto que se reparten los gastos de la sección auxiliar de mantenimiento y los de dirección de fábrica (ver cuadro 1.3) a las secciones principales A y B en función de un criterio determinado que en este caso es para mantenimiento un 2/3 a la sección A y 1/3 a B, y en dirección de fábrica el 50 % a cada sección. Al dividir los gastos de cada sección por las horas de mano de obra directa, se obtiene el coste de fabricación por hora trabajada. Se supone que las horas son 1.000 y 1.600, respectivamente.

A partir de aquí, en tercer lugar, ha debido realizarse el cálculo del coste unitario de fabricación sin incorporar los materiales. Si por la

	Sección A	Sección B	Manteni-miento	Dirección fábrica	Total
Total gastos	9.000	7.000	6.000	2.000	24.000
Imputación de mantenimiento	4.000	2.000	(−6.000)		
Imputación de dirección de fábrica	1.000	1.000		(−2.000)	
Total	14.000	10.000	0	0	24.000
Horas de mano de obra directa	1.000	1.600			
Coste por hora	14	6,25			

Cuadro 1.8 Cálculo del coste por hora
(Datos en miles de pesetas.)

sección A se han procesado 1.000 unidades del producto M (empleando 600 horas) y 200 unidades del producto N (empleando 400 horas) y por la sección B se han procesado las mismas unidades de M y N, pero empleando 800 y 800 horas, respectivamente, se puede calcular el coste unitario de fabricación (ver cuadro 1.9).

	Sección A		Sección B	
Coste/hora	14.000		6.250	
	Producto M	Producto N	Producto M	Producto N
Horas m.o.d.	600	400	800	800
Unidades procesadas	1.000	200	1.000	200
Tiempo unitario	0,6 horas	2 horas	0,8 horas	4 horas
Coste unitario	0,6 × 14.000 = = 8.400	2 × 14.000 = = 28.000	0,8 × 6.250 = = 5.000	4 × 6.250 = = 25.000

Cuadro 1.9 Coste unitario de fabricación (imputación exclusiva de los gastos sin incluir el consumo de materiales).

Por último, ha tenido que realizarse el cálculo del coste unitario total: una vez obtenido el coste unitario de fabricación se le debe incorporar el consumo de materiales que han tenido las unidades fabricadas. Si suponemos que las unidades del producto M han incorporado 38.000.000 ptas. y las del producto N 20.000.000 ptas., se puede obtener el coste unitario de fabricación total (ver cuadro 1.10). Este será el valor que utilizamos para calcular el coste de ventas (coste de fabricación de las unidades vendidas), así como para valorar el stock de unidades acabadas que están en el almacén.

Mediante la elaboración de la cuenta de resultados analítica se pueden controlar diferentes variables:

— Unidades vendidas por producto/zona.

— Unidades fabricadas por sección.

— Gastos por centro de responsabilidad.

— Horas trabajadas (y productividad).

— Coste de materiales por unidad (en precio y en cantidad).

— Coste unitario de fabricación.

— Margen por centro de responsabilidad (si factura a otro centro).

Como se puede ver, por consiguiente, el nivel de control que permite la contabilidad analítica es sensiblemente superior al que se había estudiado en el apartado anterior correspondiente a la contabilidad general. Este sistema es muy adecuado cuando empieza a haber delegación de responsabilidades y no hay excesiva competencia de precios.

	Concepto	Producto M	Producto N
(1)	Coste unitario	8.400 + 5.000 = 13.400	28.000 + 25.000 = 53.000
(2)	Unidades fabricadas	1.000	200
(3) = (2) × (1)	Coste fabricación	1.000 × 13.400 = 13.400.000	200 × 53.000 = 10.600.000
(4)	Coste mat. prima	38.000.000	20.000.000
(5) = (3) + (4)	Total costes	51.400.000	30.600.000
$(6) = \dfrac{(5)}{(2)}$	Coste unitario total	$\dfrac{51.400.000}{1.000} = 51.400$	$\dfrac{30.600.000}{200} = 153.000$
(7)	Unidades vendidas	900	180
(8) = (6) × (7)	Coste de ventas	46.260.000	27.540.000

Cuadro 1.10 Coste unitario total de fabricación

1.3 El control de gestión mediante presupuestos

La contabilidad analítica puede ser mejorada de forma sustancial cuando se combina con un sistema previsional (o presupuestario).

El sistema presupuestario se fundamenta en tres características:

— La formulación de diferentes subobjetivos específicos y cuantificados para cada centro de responsabilidad (en función de los objetivos globales ligados a la estrategia de empresa y de las responsabilidades de cada persona o departamento en la estructura organizativa). La cuantificación se realiza en forma de presupuesto.

— La medición del resultado de la actuación de cada directivo y el cálculo de las desviaciones respecto a las previsiones.

— La evaluación de la actuación de cada centro de responsabilidad en el logro de los objetivos.

El cuadro 1.11 refleja la relación entre estos aspectos.

Cuadro 1.11 El sistema de control

Tal como se puede observar, el funcionamiento del proceso de control y, en particular, del control presupuestario, requiere previamente:

• Determinar objetivos globales y elaborar la estrategia de la empresa.

24

- Definir de forma clara las responsabilidades de cada persona y departamento. Ello viene facilitado por el diseño de la estructura organizativa. A nivel de resultados, esto puede plasmarse en el diseño de una estructura de control por centros de responsabilidad (en base a indicadores de ingresos, de gastos, de beneficios o de inversión).

A partir de estos dos puntos, al diseñar un sistema de control presupuestario hay que considerar de forma especial varios aspectos:

— El grado de descentralización del poder de decisión y de las responsabilidades de actuación para los diferentes responsables.

— El grado de participación que se otorga a los diferentes responsables en el proceso de formulación de los subobjetivos.

— El período que debe abarcar el presupuesto: mensual, trimestral, anual, quinquenal, etc., y la vinculación que debe existir entre el corto plazo y el largo plazo.

— El sistema de medición que se utilizará: contabilidad financiera o analítica (Full Costing o Direct Costing), presupuestos fijos o flexibles, etc.

— Los criterios de evaluación: rígidos y centrados exclusivamente en indicadores cuantitativos o, por el contrario, flexibles y considerando indicadores cualitativos.

Tal como se expondrá posteriormente en el capítulo 2, el sistema de control presupuestario tendrá más posibilidades de éxito si existe descentralización de las decisiones, si hay participación de los diferentes responsables en el proceso de elaboración de la planificación, si hay vinculación del presupuesto con el plan a largo plazo, si se utiliza un sistema de contabilidad analítica con presupuestos flexibles y si los criterios de evaluación son flexibles.

El sistema presupuestario es seguramente el más completo de los sistemas de control económico-financiero de carácter contable puesto que:

— Permite fijar objetivos de eficacia en armonía con la estrategia global y a largo plazo de la empresa.

— Obliga a que todos los centros de responsabilidad trabajen coordinadamente para la elaboración del presupuesto (entendido como la cuantificación monetaria de un plan de acción) lo cual posibilita que todos puedan tener una mayor visión de conjunto. Esto puede contribuir a la mejora de la calidad de las diferentes decisiones que tome cada uno de los diferentes responsables.

— Permite anticipar los resultados de la empresa antes de que se produzcan, con lo cual se pueden tomar decisiones que permitan modificarlos.

— Permite que todos puedan conocer más claramente los costes y márgenes de cada producto y centro de responsabilidad.

— Facilita una mayor motivación de los diferentes responsables para el logro de los objetivos al clarificar hacia dónde se deben dirigir y al fundamentarse en la formulación de objetivos que se negocien con cada uno de ellos.

— Simplifica enormemente el proceso administrativo del cálculo de los costes de fabricación y de la valoración de inventarios, y permite una mayor rapidez de elaboración y entrega de información.

— Facilita y simplifica el control a posteriori de la gestión de los diferentes responsables al centrarse en las desviaciones más significativas (en precios, en unidades, en volumen de producción, en eficiencia, en el uso de recursos, etc.) y en las responsabilidades y objetivos predefinidos.

No obstante, a pesar de sus ventajas, el sistema presupuestario puede presentar también algunas dificultades por los cambios que su implantación requiere:

— La fijación de los standards no siempre puede ser realizada de forma exacta y fiable por el coste que ello supondría ante la dificultad de disponer de toda la información necesaria para realizar las previsiones. Ello cuestiona la validez absoluta de las desviaciones como criterio de análisis y evaluación de la gestión y requiere un tratamiento flexible de los resultados.

— La formación del personal del departamento contable y, en general de toda la empresa, ha de ser bastante más cualificada, integral y flexible que la que es necesaria para un sistema de control histórico.

— En muchas empresas no hay una cultura organizativa que haya favorecido anteriormente el trabajo en equipo ni la descentralización, lo cual puede hacer perder algunas ventajas del sistema si se limita a ser un sistema formalizado de control económico que no estimula la participación en el proceso de decisión.

— La motivación para el logro de los objetivos ha de complementarse, para que un sistema presupuestario sea eficaz, con un sistema que premie los resultados, lo cual obliga muchas veces a modificar el sistema de remuneración existente haciéndolo más coherente y formalizado.

— En muchas ocasiones el sistema presupuestario no se utiliza como un instrumento de gestión, sino que puede convertirse equivocadamente en un medio de afirmación del estilo autoritario del que evalúa.

— Hay que considerar, también, que puede haber actividades, especialmente las de carácter no productivo, que pueden ser difícilmente previsibles y/o cuantificables. En estos casos la utilización rígida del sistema presupuestario puede provocar tensiones.

— Hay conceptos que no siempre son controlables por el responsable de un determinado departamento. En estos casos, el control debe centrarse, por consiguiente, en la utilización de recursos más que en su coste si éste no puede ser influido por el responsable.

— Los objetivos departamentales no siempre están coordinados entre sí y no siempre son coherentes con los objetivos globales. La gestión del día a día y los cambios constantes en el entorno dificultan el que se mantenga la coordinación.

Al mismo tiempo, al objeto de que un sistema presupuestario sea un instrumento eficaz en el control de gestión, será conveniente:

— Que la alta dirección esté involucrada en el proceso de diseño, implantación y desarrollo del mismo.

— Que el sistema presupuestario y su utilización estén adaptados a la cultura organizativa y al estilo de comportamiento de las personas que forman parte de la organización.

— Que los objetivos departamentales y globales sean realistas, puedan cuantificarse y estén ligados con la planificación estratégica. Si no hay una vinculación con ésta y no hay congruencia entre los objetivos puede conducir a comportamientos individuales poco adecuados para la organización.

— Que se pueda disponer de criterios de medición de los resultados.

27

— Que se puedan preveer los resultados de las acciones emprendidas, lo cual permitirá el establecimiento de unos standards válidos. Ello obliga a plantear hipótesis de evolución externa (expectativas de evolución del entorno comercial, tecnológico, político, etc.) e interna (capacidad directiva para lograr los objetivos determinados, disponibilidad de recursos).

— Que cada responsable pueda controlar las magnitudes que determinan su rendimiento. Al objeto del control será necesario separar los gastos entre los que puedan ser controlables y los no controlables por cada responsable. Sin embargo, hay que tener en cuenta que no hay ningún índice que sea capaz por sí solo de reflejar adecuadamente la actuación de un directivo.

— Que se puedan ir actualizando periódicamente los standards, para no falsear la información, y sea percibido por cada responsable como un sistema adecuado de evaluación.

— Que sea utilizado efectivamente por la dirección como guía del comportamiento de cada responsable y para su evaluación.

— Que sea flexible para permitir que sea un instrumento que motive la acción individual más que un instrumento rígido o coercitivo que limita la actuación individual de los directivos cuando se centra excesivamente en los detalles en lugar de tener una perspectiva amplia de hacia dónde debe orientarse el comportamiento.

Sin embargo, las ventajas que permite el sistema presupuestario son notables respecto a los sistemas históricos. En el cuadro 1.12 se indican las diferencias existentes entre un sistema de contabilidad histórica y el sistema presupuestario.

Concepto	Contabilidad histórica	Contabilidad previsional
Coordinación entre centros de responsabilidad	No exige la coordinación entre responsables	Requiere y posibilita la coordinación entre responsables
Sistema de recogida de la información	A posteriori (la información se obtiene una vez se ha producido la acción)	A priori (se elabora antes de que se produzca)
Proceso administrativo	Relativamente complejo	Largo pero muy simple
Instrumento de evaluación	Poco sofisticado al compararse con ejercicios anteriores pero sin existir criterios claros y homogéneos	Facilita el control al compararse con las previsiones. El control se inicia cuando se hacen las previsiones y no a posteriori
Motivación	No suele promover una mayor motivación	Puede promover una mayor motivación si se utiliza como instrumento de participación y guía en el proceso de decisión

Cuadro 1.12 Diferencias entre la contabilidad histórica y el sistema presupuestario

2

El proceso de planificación

2.1 El horizonte de la planificación económico-financiera: Vinculación del proceso presupuestario con la planificación a largo plazo

La principal responsabilidad de la dirección de una empresa es la consecución de los fines para los que ha sido creada. La función directiva estará basada, por consiguiente, en la toma de aquellas decisiones que posibiliten el que la empresa consiga lograr sus fines y orientar, igualmente, en la toma de decisiones a los diferentes componentes de la organización. Dentro de este proceso directivo tiene un papel fundamental la planificación y, en especial, el proceso presupuestario.

Aunque el proceso presupuestario se suele realizar anualmente y comprende, principalmente, los aspectos internos de la organización, para que sea un instrumento que permita orientar de forma eficaz la toma de decisiones, es necesario que su confección esté ligada con el plan estratégico a largo plazo. En estas condiciones, el presupuesto especificaría y cuantificaría, en términos financieros, los objetivos estratégicos para cada uno de los diferentes responsables de la empresa para cada ejercicio que contempla aquel y facilitaría la congruencia de las decisiones individuales con los objetivos empresariales a largo plazo.

Tal como se ha indicado en el capítulo anterior, la elaboración del presupuesto se debe realizar a partir de la formalización de los objetivos por centro de responsabilidad y de su cuantificación en indicadores específicos. La formulación de estos objetivos debe estar ligada a los objetivos generales de la empresa y, en particular, tanto a la estrategia de la empresa, elaborada a partir del análisis del entorno y de la propia organización, como a su estructura organizativa.

31

La vinculación del presupuesto anual a la estrategia a largo plazo y a la estructura organizativa es fundamental para el éxito del sistema presupuestario. Para ello es necesario que:

— La estrategia sea adecuada al entorno y a los puntos fuertes y débiles de la organización. Si no es la adecuada, aunque exista vinculación con el presupuesto y éste se elabore correctamente, el proceso presupuestario será inadecuado.

— La estrategia sea clara, ya sea formalizada o no, pero que esté implícita. Si no está suficientemente clara, hay el riesgo de que no exista la suficiente vinculación entre el corto y el largo plazo para que cada centro actúe maximizando los objetivos a corto plazo, que pueden llegar a ser contradictorios con la evolución a largo plazo, y que no haya la necesaria coordinación con los otros centros, lo cual puede provocar que cada uno actúe individualmente, maximizando sus propios objetivos en lugar de los de la empresa.

— Esté vinculada con la estructura organizativa, a través de la determinación de objetivos específicos para cada centro de responsabilidad. Si no lo está, el riesgo sería parecido al del punto anterior puesto que podría provocar que las actuaciones individuales no fueran congruentes con los objetivos de la empresa y que no se pudieran alcanzar los objetivos a largo plazo.

No obstante, la vinculación del corto plazo con el largo plazo no es siempre fácil pues las empresas se enfrentan al problema de tratar de resolver la ambigüedad ante la que se encuentran. Esto se agrava cuando las empresas se enfrentan a entornos dinámicos (con muchos cambios en la tecnología o en las necesidades de los clientes), entornos heterogéneos (con un elevado número de variables internas ya sea por la dimensión o por la pluralidad de actividades que realiza) o entornos hostiles (por una fuerte competencia). Sin embargo:

— En entornos estables, homogéneos y poco hostiles, la centralización puede facilitar que la ambigüedad se reduzca. Igualmente, la historia y la cultura de la empresa pueden facilitar el que la estrategia sea implícita y clara para los componentes de la organización.

— En entornos dinámicos, la existencia de mecanismos de coordinación interdepartamentales y de una cultura orientada a las personas puede facilitar el que la estrategia pueda ser implícita.

32

— En entornos heterogéneos, la existencia de una elevada descentralización y de mecanismos de coordinación que puedan fomentar la participación en el proceso de decisión puede contribuir a clarificar la estrategia.

— En entornos hostiles, la centralización y la formalización de la estrategia puede permitir la solución del problema de la ambigüedad.

A partir de la elaboración de la estrategia y del presupuesto a través del proceso presupuestario podremos iniciar el proceso de control «a posteriori» al evaluar la gestión de cada responsable en función de las desviaciones que se hayan producido respecto a las previsiones. En el cuadro 2.1 se muestra el proceso de planificación y de control.

Tradicionalmente, se han distinguido tres tipos de planificación: planificación estratégica (o a largo plazo), planificación presupuestaria (o de gestión) y planificación operativa (o rutinaria).

La planificación estratégica está encuadrada en el largo plazo y se refiere tanto a la definición del producto y del mercado a los que se quiere orientar la empresa como a los recursos productivos que pretende utilizar para lograr sus fines. La estrategia se concreta principalmente en la formulación de las políticas de investigación y desarrollo, producción, marketing y finanzas que permiten alcanzar los objetivos de la empresa.

La planificación presupuestaria está orientada al corto plazo (plazo inferior al año) e intenta asegurar que la empresa en su conjunto y en particular cada uno de los diferentes departamentos logren sus objetivos con eficacia y eficiencia. La planificación presupuestaria se concreta en el presupuesto (presupuesto para cada centro de responsabilidad, cuenta de resultados previsional, presupuesto de tesorería, balance previsional).

La planificación operativa está orientada al día a día e intenta asegurar que las tareas específicas que se deben realizar en cada puesto de trabajo sean realizadas con eficacia y eficiencia.

En el cuadro 2.2 se puede observar gráficamente la interrelación entre los tres tipos de planificación y en el cuadro 2.3 se detallan las diferencias entre ellos.

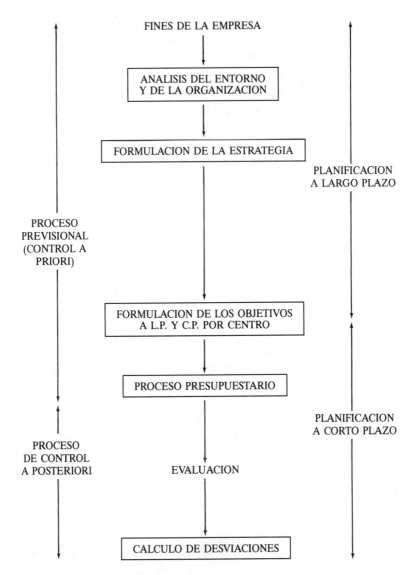

FINES DE LA EMPRESA

ANALISIS DEL ENTORNO
Y DE LA ORGANIZACION

FORMULACION DE LA ESTRATEGIA

PLANIFICACION
A LARGO PLAZO

PROCESO
PREVISIONAL
(CONTROL A
PRIORI)

FORMULACION DE LOS OBJETIVOS
A L.P. Y C.P. POR CENTRO

PROCESO PRESUPUESTARIO

PLANIFICACION
A CORTO PLAZO

PROCESO
DE CONTROL
A POSTERIORI

EVALUACION

CALCULO DE DESVIACIONES

Cuadro 2.1 Proceso de planificación y de control

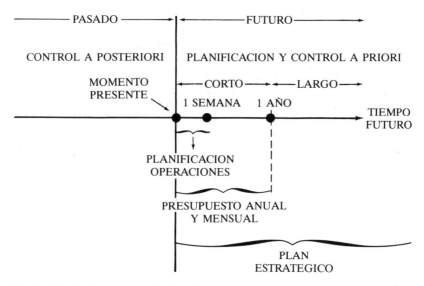

Cuadro 2.2 Horizonte de la planificación

Dentro del proceso de planificación ocupa un papel fundamental la planificación económico-financiera. Esta puede ser más o menos formalizada, pudiendo distinguir cuatro posibles niveles de formalización:

— Planificación intuitiva (o parcialmente formalizada pero sin reflejarse en la contabilidad).

— Planificación presupuestaria de la cuenta de resultados sin utilizar técnicas analíticas y obteniendo un resultado global.

— Planificación presupuestaria con costes standard por productos y por centros de responsabilidad.

— Planificación financiera a largo plazo que está vinculada con la planificación presupuestaria por productos y por centros de responsabilidad.

En este texto se defiende la necesidad de que las empresas desarrollen sistemas de planificación próximos al último nivel. Sin embargo, aquí no se profundizará sobre la metodología de la realización de la planificación financiera a largo plazo, que corresponde más propiamente a los textos de gestión financiera.

35

Concepto	*Planificación estratégica*	*Planificación presupuestaria*	*Planificación operativa*
Horizonte de tiempo	Más de 1 año	1 año	Diario/semanal
Finalidad	Establecer objetivos a largo plazo	Establecer objetivos y políticas a corto plazo	Establecer objetivos rutinarios
Nivel de dirección afectado	Alta dirección	Alta dirección y direcciones departamentales	Direcciones departamentales y mandos intermedios
Complejidad	Intervienen muchísimas variables	Menor complejidad	Baja
Actividad a controlar	Resultados globales	Desviaciones presupuestarias	Operaciones realizadas respecto standards técnicos
Punto de partida	Análisis del entorno y de la organización	Planificación estratégica e información interna	Standards técnicos
Contenido	Amplio, general y cualitativo	Específico, detallado y cuantificado en ptas.	Específico y cuantificado en unidades físicas
Naturaleza de la información	Externa, intuitiva	Interna, financiera	Interna, técnica
Grado de predicción	Bajo	Relativamente alto	Alto
Estructura de las decisiones	No programadas e imprevisibles	Relativamente programadas	Muy alto

Cuadro 2.3 Tipos de sistemas de planificación

2.2 Previsión de las variables económico-financieras como punto de partida del proceso presupuestario

2.2.1 Introducción

Todo directivo intenta tomar decisiones que permitan adecuar las variables de la organización (tal como él las percibe) a las variables del entorno (tal como él estima su evolución).

36

Mediante la utilización de diferentes técnicas, que se seleccionan en función de su coste y de la rentabilidad que permiten, y a partir de la definición de las variables críticas de la empresa, se llega a obtener una o varias estimaciones «a priori» del resultado que contribuyen a clarificar el proceso de decisión. En el cuadro 2.4 se refleja este proceso.

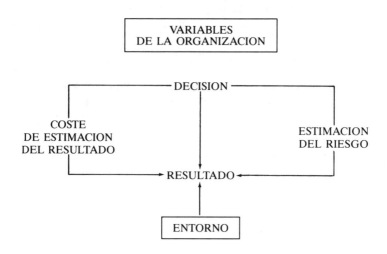

Cuadro 2.4 Proceso de decisión

Toda organización actúa dentro de un determinado contexto, su «entorno», con el que puede tener una gran interrelación y que, indudablemente, puede ejercer una destacada influencia en su gestión.

La necesidad de anticiparse a los cambios del entorno para mantener y mejorar la competitividad empresarial exige realizar un ejercicio permanente de previsión del entorno organizativo que permita reducir la incertidumbre del futuro y facilitar el proceso de adaptación de la empresa al entorno.

Mediante la previsión se intenta establecer cuál será el escenario y el entorno futuros de la empresa, y a partir de aquélla se realizará la planificación, proceso mediante el cual la empresa trata de proyectar el futuro que desea alcanzar intentando identificar los recursos que necesita para lograrlo. Con el ejercicio de previsión no se trata únicamente de decir exactamente cuál será el futuro, sino más bien anticipar las posibles alternativas que se pueden presentar antes de que no haya tiempo para reaccionar.

Sin embargo, a pesar de la importancia de la previsión, la realización de ésta plantea dificultades importantes dado que el entorno es rápidamente cambiante y excesivamente complejo. Esto es lo que hace que cada vez sea más necesario adoptar una actitud orientada al futuro que se plasma en la realización de las previsiones. No cabe duda de que el interés creciente por la previsión del entorno organizativo ha venido propiciado por la progresiva aceleración de la dinámica empresarial y la aparición de cambios rápidos e inesperados en el terreno de la tecnología, de la política, de los valores socio-culturales, de la economía, etc. Esta progresión se ha hecho cada vez más intensa y, posiblemente, más imprevisible por su carácter discontinuo, aparentemente incoherente y multidimensional dado el elevado número de variables que intervienen y la notable complejidad de sus interrelaciones, contribuyendo a dificultar el proceso de adaptación permanente de cualquier organización a su entorno.

Para la realización de una adecuada previsión es necesario que la empresa tenga en cuenta que:

— Ha de existir una actitud favorable, inquieta y activa hacia la percepción de señales de cambio.

— Ha de existir un sistema de información, formal e informal, lo más amplio posible que detecte las señales de cambio.

— Ha de haber personas dentro de la organización que tengan un amplio marco conceptual y una amplia experiencia en el sector que sepan interpretar las señales del entorno y evaluar su impacto sobre las variables empresariales.

Cuando hablamos de previsión conviene diferenciar los factores que inciden en ella. Principalmente, se pueden separar en dos grupos, según sean externos, que son los que están ligados al entorno, o internos, que son los que están ligados a la propia organización y particularmente a las ventas y a los gastos. A partir de esta clasificación, el cuadro 2.5 presenta los diferentes aspectos que afectan a la previsión, y el cuadro 2.6 la interrelación que se produce entre ellos.

Para realizar la previsión de las variables económico-financieras, que servirá de punto de partida del proceso de planificación y, concretamente, de la toma de decisiones, es fundamental considerar el análisis del entorno y la previsión de ventas y de gastos. Por la influencia que tiene la evolución social, toda empresa está inmersa dentro de un contexto social al que trata de adaptarse. Al igual que aquélla, toda sociedad trata de satisfacer las necesidades de los individuos que la componen y de adaptarse a su entorno. Esto hace que la sociedad intente desarrollar un conjunto compacto y coherente de elementos que permitan su supervivencia y la de los individuos que forman parte de ella.

Toda previsión debería intentar estudiar las expectativas de cambio de estos elementos. Para facilitar su análisis se pueden clasificar en factores de carácter tecnológico, socio-cultural, político y económico. Igualmente, se pueden clasificar en factores ligados al micro-entorno y al sector específico en que actúa cada empresa (los proveedores, ya sean de materias primas, de personal, de servicios, de capital o de tecnología; el personal; los clientes; la competencia; la comunidad; la administración pública; los sindicatos; etc.) y al macro-entorno (el sistema productivo en su conjunto; las instituciones sociales; las relaciones sociales; las creencias y valores de la sociedad).

	Externos (entorno)	*Internos (organización)*
Previsión de ventas	• Innovación tecnológica en nuevos productos. • Estrategia de la competencia. • Cambios en el marco legislativo. • Evolución de la demanda (capacidad adquisitiva, gustos y hábitos de comportamiento, elasticidad, indicadores macroeconómicos) y crecimiento del mercado.	• Política de marketing (producto, precio, promoción, distribución y servicio post-venta). • Política de investigación y desarrollo.
Previsión de gastos	• Estrategia de los proveedores. • Coste y disponibilidad de los recursos productivos (materias primas, personal, capital, tecnología, terrenos). • Innovación tecnológica en procesos y en materiales. • Cambios en el marco legislativo que afectan al coste y utilización de recursos.	• Capacidad de producción y utilización. • Consumo de recursos por unidad fabricada. • Recursos disponibles (personal, tecnología). • Relaciones con los proveedores de recursos y expectativas de comportamiento (banca, proveedores, sindicatos, etc.).

Cuadro 2.5 Factores que afectan a la organización

VARIABLES
ESTRATEGICAS

- Productos que se comercializan
- Mercados en los que se opera
- Recursos que se utilizan

VARIABLES
DE GESTION

- Política comercial (gama de productos, precios, promoción y distribución)
- Política de fabricación

VARIABLES
INTERNAS
DE LA ORGANIZACION

DECISIONES

- PRODUCTOS   VENTAS →   RESULTADO   ←GASTOS ←   - CONSUMO DE
- MERCADOS   RECURSOS

ENTORNO

MICRO ENTORNO

- Proveedores (de materiales, de personal, de servicios, de tecnología)
- Personal
- Clientes
- Competencia
- Comunidad
- Administración pública
- Sindicatos

MACRO-ENTORNO   Tecnológico, socio cultural político y económico.

- Sistema productivo
- Sistemas e instituciones sociales
- Relaciones sociales
- Creencias y valores de la sociedad

Cuadro 2.6 Interrelación entre variables

De la capacidad para preveer la evolución del entorno y de su impacto sobre la empresa dependerá la capacidad competitiva de la empresa a largo plazo.

Por otra parte, el punto de partida de la elaboración del presupuesto es la previsión de ventas. La previsión de ventas trata de anticipar de forma cuantificada las expectativas de ventas en unidades de los diferentes productos en los diferentes mercados así como sus precios respectivos teniendo en cuenta las circunstancias que condicionan a la evolución de la empresa. Para su realización hay que tener en cuenta una serie de aspectos:

— El macro-entorno o entorno global (tecnológico, socio-cultural, político, económico) y el micro-entorno o entorno específico del sector o de los segmentos en los que opera la empresa (clientes, competencia, productos complementarios y sustitutivos).

— El tamaño del mercado, la cuota de mercado que tiene la empresa, la trayectoria histórica de las ventas y del mercado y el posicionamiento de la empresa dentro de aquél.

— La política comercial de la empresa (precios, gama de productos, política de distribución, política de promoción).

— La capacidad de producción y distribución.

Esta previsión de ventas debe realizarse para cada centro de responsabilidad que asume funciones comerciales así como para cada producto (o familia de productos) y mercado (o zona geográfica). A partir de aquí se puede analizar la evolución del mercado potencial y la participación de la empresa en él.

A partir de la previsión de ventas tanto a largo como a corto plazo se articula todo el proceso de planificación: planes de inversiones, política de financiación, políticas de investigación y desarrollo, de compras, de producción y de comercialización (o marketing).

Por su parte, la previsión de gastos está estrechamente relacionada con la de ventas. La previsión de gastos debe centrarse en la estimación del coste de las materias primas, del coste de personal, de los gastos financieros, de los gastos indirectos en general (alquileres, tributos, suministros, transportes, etc.), de la adquisición de tecnología, de los impuestos, etc. Así, al igual que en la previsión de ventas, hay que centrarse en una serie de aspectos:

- El macro-entorno o entorno global.

- El micro-entorno o entorno específico del sector.

- La trayectoria histórica de los gastos.

- La fase del ciclo de vida de sus productos.

- Las políticas de investigación y desarrollo, de compras, de producción, de distribución y de financiación.

La estimación del impacto del entorno en las ventas y en los gastos puede estudiarse utilizando la matriz que se presenta en el cuadro 2.7. A partir de esta evaluación podemos realizar la previsión de las diferentes variables que afectan a cada uno de los distintos centros de responsabilidad (ver cuadro 2.8).

	Impacto del entorno			
Concepto	Tecnológico	Socio-cultural	Político	Económico
Ventas				
Materias primas				
Personal				
Gastos financieros				
Tecnología				
Gastos generales				
Impuestos				

Cuadro 2.7 Matriz de evaluación del impacto del entorno

42

Centro	Concepto	Variables previsionales
Ventas	Volumen de ventas	Precio de venta por producto Cuota de mercado Unidades por producto, mercado, vendedor Crecimiento del mercado Devoluciones
	Gastos comerciales	Comisiones Gastos de estructura del departamento Descuentos y rappels Promoción y publicidad Gastos de distribución Estudios de mercado
Compras	Coste de compras	Precio de compra por unidad Descuentos y rappels Unidades a comprar por tipo de material
	Gastos de compras	Transporte Aranceles Gastos de estructura del departamento
Producción	Costes directos	Coste por hora de mano de obra directa y por departamento Coste standard unitario por unidad de obra y por producto
	Gastos indirectos	Mermas y desperdicios Gastos de estructura del departamento (personal, amortización, trabajos, suministros y servicios exteriores)
	Otros	Necesidades de inversión
Estructura	Gastos de estructura	Gastos de estructura de cada departamento (personal, amortización, trabajos, suministros y servicios exteriores, diversos, tributos)
Gastos financieros	Gastos financieros	Necesidades financieras Coste del capital ajeno
Impuestos	Impuestos	Tipo impositivo Desgravación por inversiones

Cuadro 2.8 Previsión de variables por centro de responsabilidad

2.2.2 Selección de las técnicas de previsión

Para prever la evolución de las variables que afectan a la empresa es necesario utilizar técnicas de previsión, más o menos formalizadas o intuitivas. Para seleccionar la técnica más adecuada a cada necesidad es necesario reflexionar sobre varios aspectos:

— ¿Cuál es el riesgo que comportan las decisiones que queremos tomar?

— ¿Cuál es el coste de reducir el riesgo mediante la utilización de diferentes técnicas de previsión?

En el primer caso, para reflexionar sobre el riesgo que comportan las decisiones que queremos tomar, hay que conocer:

- ¿Qué decisiones se quieren tomar?

- ¿Cuáles son las variables críticas que están ligadas a cada decisión?

- ¿Cuál es el horizonte de tiempo que debe cubrir la previsión?

- ¿Cuál es el grado de exactitud que se requiere?

- ¿Cuál es el plazo de tiempo disponible para obtener la información?

La consideración de algunas de estas cuestiones viene facilitada por la técnica del análisis del ciclo de vida. En cada una de las distintas fases de la vida de un producto (desarrollo, introducción, crecimiento, madurez, declive) se suelen presentar diferentes tipos de decisiones y, por otro lado, las necesidades de información son diferentes (ver cuadro 2.9).

En el segundo caso, para reflexiones sobre el coste de reducir el riesgo mediante la utilización de técnicas de previsión, hay que evaluar:

- ¿Cuál es la información que sería necesaria?

- ¿Cuál es la información, histórica o previsional, formal o informal, de que se dispone?

- ¿Cuál es el beneficio de esta información adicional?

- ¿Cuáles son las técnicas que permiten obtener esta información?

Fase	Desarrollo	Introducción	Crecimiento	Madurez	Declive
Decisiones claves	Política de investigación y desarrollo	Política de producción	Política de producción	Política comercial y de diversificación	Eliminación de productos y/o procesos
	Definición del mercado	Política comercial	Política comercial		
Riesgos	Financiación de la I&D	Fracaso del producto	Falta de liquidez por el aumento del circulante	Guerras de precios	Retraso en la eliminación de productos y/o procesos
		Financiación de las inversiones en inmovilizado		Fracaso de nuevos productos o de la diversificación	
Técnicas	Delphi Analogia Input-Output Panel de expertos	Estudios de mercados Estudios del consumidor	Estudios de mercados Estudios del consumidor	Series temporales Modelos económicos y causales	

Características de los sistemas de información	• Enfasis en previsiones no financieras • Competitividad • Entorno • Poco formalizados, flexibles, rápidos • Que estimulen la innovación y la curiosidad • Orientación a largo plazo, con poco grado de detalle	• Enfasis en previsiones financieras • Costes standard • Crecimiento de ventas • Muy formalizados, menos flexibles • Que primen la exactitud • Orientación a corto plazo con mucho detalle y a largo plazo con poco detalle

Cuadro 2.9 Ciclo de vida del producto

- ¿Cuáles son los mecanismos formales que se deberían diseñar o utilizar para facilitar la recogida de la información?
- ¿Cuál es el tiempo disponible para la realización de la estimación?

- ¿Cuál es el grado de exactitud que se requiere?
- ¿Cuál es el coste de obtener esta información?

Existen diferentes técnicas de previsión que se pueden clasificar en: cualitativas (método Delphi, investigación cualitativa de mercados, analogía, reuniones de expertos, previsiones imaginativas), series temporales (promedio móvil, alisado exponencial, Box Jenkins, proyecciones de tendencia) y modelos causales (regresión, modelos econométricos, encuestas de intención de compra, modelos input-output, análisis del ciclo de vida del producto).[1] En el cuadro 2.10 se expone una evaluación de estas técnicas.

2.3 El proceso organizativo de la planificación presupuestaria

En el proceso de planificación presupuestaria se trata de concretar para cada uno de los diferentes centros de responsabilidad y en términos económico-financieros los objetivos generales definidos en el plan estratégico. Así, la planificación presupuestaria trata de interrelacionar la estrategia con la estructura organizativa. La empresa está organizada en distintos centros de responsabilidad que deben desarrollar una serie de funciones de acuerdo con determinadas normas de comportamiento (jerarquía, condición con otros departamentos o unidades organizativas, grado de descentralización en sus decisiones, recursos asignados, sistema de incentivos, proceso de trabajo) y con unos objetivos específicos (costes, ventas, rentabilidad, calidad, volumen de producción, etc.).

En función de la estructura organizativa y de los objetivos se debe realizar el proceso de planificación, tanto el presupuesto económico (u operativo) como el presupuesto financiero (o de inversiones) de cada centro y, a partir de la elaboración de éstos se obtendrá el presupuesto global de la empresa.

En la elaboración del presupuesto se suelen seguir las fases siguientes (ver cuadro 2.11):

— Iniciación del proceso presupuestario.

1. Para un desarrollo de las mismas puede consultarse:
Chabers, J. C.; Mullick, K. S. y Smith, D. D.: *«Cómo escoger la técnica de previsión más conveniente»*. Harvard Deusto. 1977.

Método	Nivel de exactitud			Identificación de cambios de tendencia	Tiempo de realización de la previsión
	A corto plazo	A medio plazo	A largo plazo		
Técnicas cualitativas					
• Delphi	+	++	++	+	Más de 2 meses
• Investigación de mercados	+++	+	+	++	Más de 3 meses
• Analogía	––	+	+	–	Más de 1 mes
• Reuniones de expertos	–	–	–	–	Más de 2 semanas
• Previsiones Imaginativas	–	–	–	+	Más de 1 semana
Series temporales					
• Promedio móvil	+	–	––	–	Menos de 1 día
• Alisado exponencial	++	+	––	–	Menos de 1 día
• Box-Jenkins	++	+	––	+	1-2 días
• Proyecciones de tendencias	++	+	+	–	Menos de 1 día
Modelos causales					
• Regresión	++	++	–	++	Depende
• Modelos econométricos	++	+++	+	+++	Más de 2 meses
• Encuesta de intenciones de compra	–	–	––	+	Varias semanas
• Modelos input-output	––	++	++	+	Más de 6 meses
• Ciclo de vida del producto	––	–	+	+	Más de 1 mes

+++   Excelente
++   Bueno
+   Regular
––   Poco adecuado
–   Nada adecuado

Cuadro 2.10 Evaluación de las técnicas de previsión

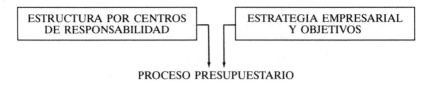

Cuadro 2.11 Elaboración del presupuesto

— Elaboración del presupuesto por centros de responsabilidad.

— Negociación con cada centro de responsabilidad.

— Consolidación de los diferentes presupuestos por centro de responsabilidad.

— Aprobación del presupuesto consolidado.

— Revisión del presupuesto.

En cada una de estas fases hay una serie de cuestiones que se deben definir para facilitar la eficacia del proceso (ver el resumen en cuadro 2.12).

2.3.1 Iniciación del proceso presupuestario

En la fase de iniciación es necesario que previamente se definan las siguientes cuestiones:

— ¿Quién inicia el proceso presupuestario?

— ¿Cuál es el papel a jugar por la dirección general?

— ¿Cuándo se inicia el proceso de forma que se pueda realizar con la antelación suficiente para que sea operativo?

— ¿Cómo se inicia el presupuesto?

— ¿Qué información se transmite a cada responsable?

— ¿Cuál es el papel que deben jugar los diferentes directivos funcionales?

— ¿Cuáles son las líneas generales que deben guiar la realización del presupuesto? ¿Cuáles son los objetivos generales y por centros de responsabilidad? ¿Quién coordina su confección? ¿Cuál es el período que se quiere abarcar?

En esta fase es conveniente que se clarifique el plan anual que está o debería estar vinculado con el plan a largo plazo (estrategia). La dirección debe clarificar la orientación a corto y largo plazo de la empresa. Sin embargo, según cuál sea el estilo de la empresa el plan anual vendrá definido por la dirección o se irá elaborando a medida que se pasa a las siguientes fases.

Al iniciarse el proceso presupuestario es recomendable que la direc-

	Fase	Cuestiones
1	Iniciación del proceso presupuestario	• ¿Quién inicia el proceso presupuestario? • ¿Cuál es el papel que juega la dirección? • ¿Cuándo se inicia el proceso de forma que se pueda realizar con la antelación suficiente? • ¿Cómo se inicia el presupuesto? • ¿Qué información se transmite a cada responsable? • ¿Cuál es el papel que deben jugar los diferentes directivos funcionales? • ¿Cuáles son las líneas generales para la realización del presupuesto?
2	Elaboración del presupuesto por centros de responsabilidad	• ¿Quién debe elaborar el presupuesto? • ¿Cuál es el grado de participación de los diferentes niveles de responsabilidad en el proceso de elaboración? • ¿Cuál es el compromiso de dirección en esta fase? • ¿Qué criterios se deben seguir en la confección del presupuesto? • ¿Cómo se coordina su confección? • ¿Qué niveles intervienen dentro de cada centro?
3	Negociación del consenso para cada centro de responsabilidad	• ¿Quién interviene en la negociación del presupuesto? • ¿Hasta qué punto deben respetarse los presupuestos realizados por cada responsable? • ¿Con qué criterios se deben revisar?
4	Consolidación de los diferentes presupuestos	• ¿Quién coordina el proceso de consolidación? • ¿Qué mecanismos deben existir para la coordinación y consolidación?
5	Aprobación	• ¿Qué órganos deben intervenir en la aprobación del presupuesto? • ¿Cuál es el calendario previsto para la aprobación? • ¿Cuál es el proceso para la aprobación?
6	Revisión del presupuesto	• ¿En qué circunstancias deben revisarse los presupuestos? • ¿Con qué criterios deben revisarse los presupuestos?

Cuadro 2.12 Fases del proceso presupuestario

ción asuma un papel activo dado que es quien suele tener una perspectiva más amplia de la propia organización y del entorno. Además, el compromiso de la dirección en la realización del presupuesto contribuye a legitimar el papel del sistema presupuestario y promueve el que los diferentes responsables también se comprometan, igualmente, en su confección. El hecho de que no intervenga puede llegar a provocar, seguramente, el desinterés e ineficacia del sistema.

Por otro lado, suele ser normal que sean los directivos funcionales quienes tengan un mayor conocimiento específico de cada área. Por esta razón, para poder conjugar la visión global de la dirección con la visión más específica de cada responsable se hace necesario y recomendable que la iniciación del proceso se realice conjuntamente.

Un método que puede ser eficaz es el de la realización de una reunión en la que la dirección pueda exponer tanto la situación del entorno y de la propia empresa como la estrategia que tendrá la empresa, de forma que pueda orientar a los diferentes responsables en la posterior elaboración del presupuesto. Por otra parte, la realización de la reunión puede permitir tener una mayor opinión de aquellos respecto a la orientación futura de la empresa así como de facilitar su coordinación.

El proceso de confección de los diferentes presupuestos debe estar sometido a un calendario predeterminado que permita asegurar su elaboración y finalización en la fecha acordada. Igualmente, es conveniente que la aprobación del presupuesto definitivo se produzca antes del propio ejercicio con el objeto de que permita orientar a cada responsable desde el inicio.

2.3.2 *Elaboración del presupuesto por centros de responsabilidad*

En esta fase es necesario definir:

— ¿Quién debe elaborar el presupuesto?

— ¿Cuál es el grado de participación de los diferentes niveles de responsabilidad en el proceso de elaboración?

— ¿Cuál es el compromiso de dirección en esta fase?

— ¿Qué criterios se deben seguir en la confección del presupuesto? ¿Cómo deben ser los objetivos? ¿Cuáles son los criterios técnicos para la elaboración?

— ¿Qué niveles intervienen dentro de cada centro?

La elaboración del presupuesto puede ser realizada por el propio director general (en el caso de una empresa poco descentralizada), por cada responsable o por el propio controller, según cuál sea el grado de participación en el proceso de decisión que tenga la empresa y según cuál sea la vinculación de la dirección.

En algunas empresas se piensa equivocadamente que debe ser el controller o el propio director general quien debe realizar el presupuesto. Sin embargo, el coste que puede suponer este tipo de proceso de arriba a abajo sin facilitar la intervención de los diferentes responsables puede ser muy alto en términos de pérdida de motivación y de inexactitud del presupuesto (efecto «slack» o elaboración de presupuestos holgados para reducir el riesgo de tener malos resultados).

El hecho de que se haya reconocido la importancia de la participación de los implicados en el presupuesto en su confección requiere que el proceso presupuestario adopte un carácter participativo.

En la orientación de los objetivos que debe dar la dirección de la empresa a los niveles subordinados a ella es conveniente que se establezcan objetivos que supongan un cierto grado de desafío pero que puedan ser alcanzables. Este tipo de objetivos pueden ser un importante estímulo para aumentar la motivación de los diferentes responsables para tener un comportamiento que sea coherente con los objetivos de la organización.

Es necesario, por otra parte, que Dirección haya clarificado previamente las variables que inciden en cada centro de responsabilidad para que a partir de ellas se puedan elaborar los presupuestos de resultados (presupuesto económico) en términos de ventas, gastos discrecionales, costes o beneficios, y los presupuestos de inversiones en inmovilizado y de recursos necesarios para el logro de los objetivos.

Igualmente, es necesario que se determinen los criterios que se deben seguir para la confección. En cuanto a los criterios técnicos, el departamento de control o, en su caso, los departamentos adecuados, debe facilitar a cada responsable la información necesaria para su confección así como servir de mecanismo de coordinación interdepartamental en las variables que afectan a varios departamentos (standards, criterios de imputación, índices de mermas, tasa de amortización, etc.).

En función de estas consideraciones cada responsable debe elaborar el presupuesto (en términos financieros) que permite poder alcanzar los objetivos.

Durante la elaboración del presupuesto pueden realizarse diferentes reuniones con el director general o con el equipo directivo en su conjunto con el objeto de facilitar y orientar el proceso de elaboración.

Igualmente, debe considerarse que en el proceso puede realizarse para cada uno de los diferentes niveles jerárquicos de responsabilidad sucesivamente. Aunque el directivo de un determinado centro sea el responsable de la elaboración del presupuesto de su centro puede ser recomendable que solicite a sus subordinados que preparen los presupuestos de sus áreas o actividades específicas. Esto no sólo tiene la ventaja de que la elaboración del presupuesto la asuma quien tiene una mayor información sino que además contribuye a que lo realice según sus propios intereses, esto facilita el que la gente pueda comprometerse con su cumplimiento y acepte posteriormente el proceso de evaluación.

Sin embargo, aunque la participación es positiva cuando existe un buen clima en la organización (si no lo hubiera puede tener efectos negativos importantes), hay que considerar que existe el riesgo de que las previsiones se realicen de forma conservadora para salir beneficiados al realizarse la evaluación. Esta situación (efecto «slack») puede evitarse mediante la participación directa del director general.

2.3.3 Negociación con cada centro de responsabilidad

En esta fase hay que considerar las siguientes cuestiones:

— ¿Quién interviene en la negociación del presupuesto? ¿Sólo el director general? en cuyo caso no habría negociación. ¿El director separadamente con cada responsable? ¿El equipo de dirección conjuntamente?

— ¿Hasta qué punto deben respetarse los presupuestos realizados por cada responsable? ¿Con qué criterios se deben revisar?

A partir de la confección del presupuesto de cada centro de responsabilidad el director tiene que revisar todos los presupuestos individualmente con cada responsable. En este proceso es habitual el que se tengan que realizar varias revisiones del presupuesto inicial.

Aunque el presupuesto pueda ser determinado desde arriba, es necesario que se llegue a un acuerdo con cada responsable. Es importante que haya una negociación en la que cada responsable acabe asumiendo y comprometiéndose con el presupuesto y en el cual existan unos objetivos que supongan un nivel de reto que sea alcanzable pero ambicioso de manera que estimulen a su logro y eviten la desmotivación que supone el que no se puedan alcanzar o, principalmente, que no se tenga en cuenta su opinión.

En la revisión del presupuesto inicial es necesario que la dirección tenga en cuenta la trayectoria histórica de la empresa y de cada centro en particular así como los objetivos y las expectativas a corto y medio plazo y que en todos los cambios que proponga dirección se respeten las opiniones de cada responsable y que se justifiquen las razones de las revisiones.

Igualmente, en esta negociación es necesario que Dirección asegure la coherencia entre los presupuestos de los diferentes centros de responsabilidad.

2.3.4 Consolidación de los diferentes presupuestos por centro de responsabilidad

En esta fase deben definirse dos cuestiones:

— ¿Quién coordina el proceso de consolidación?

— ¿Qué mecanismos deben existir para la coordinación y consolidación?

A partir de los diferentes presupuestos por centros de responsabilidad se debe realizar la consolidación de los mismos con el objeto de elaborar el presupuesto global de la empresa.

El área de finanzas y control suele ser la más indicada para su consolidación. A partir de ésta quizás sea necesario realizar ajustes que supondrían volver a las fases anteriores hasta conseguir el presupuesto global adecuado. En este caso el director deberá negociar con cada responsable la conveniencia de introducir las modificaciones pertinentes teniendo en cuenta las consideraciones realizadas anteriormente.

Es importante que en el proceso de consolidación se realicen reuniones interdepartamentales que permitan dar una visión de conjunto a los distintos responsables.

A partir del presupuesto global el departamento financiero elaborará el presupuesto de tesorería y el balance previsional.

2.3.5 Aprobación del presupuesto consolidado

En esta fase hay que considerar de forma especial las siguientes cuestiones:

— ¿Qué órganos deben intervenir en la aprobación del presupuesto?

— ¿Cuál es el calendario previsto para la aprobación?

— ¿Cuál es el proceso para la aprobación?

La aprobación del presupuesto ya sea por parte de la dirección, de la casa matriz o del consejo de administración, supone la definición del plan de la empresa para el ejercicio, una guía para el comportamiento de cada centro de responsabilidad, un instrumento para evaluar «a posteriori» el resultado de cada centro y la autorización para la realización de los gastos e inversiones señalados por el presupuesto.

Es necesario que la aprobación se realice de acuerdo con el calendario fijado al iniciarse al proceso.

Para que el presupuesto sea un instrumento útil es necesario que sea coherente con la estrategia de la empresa. Si se estimara que ésto no se produce debería volverse a las fases anteriores.

A partir de su aprobación se utilizará como guía de actuación e instrumento de evaluación.

2.3.6 Revisión del presupuesto

En esta fase es importante definir:

— ¿En qué circunstancias deben revisarse los presupuestos una vez aprobados?

— ¿Con qué criterios deben revisarse los presupuestos una vez aprobados?

Lo normal es que una vez aprobado el presupuesto, durante el ejercicio, se produzcan circunstancias que modifiquen sustancialmente las características que han servido para la realización del presupuesto inicial. Sin embargo, sólo si son razones estructurales importantes es conveniente la revisión del mismo: cambios inesperados en el entorno (crisis de ventas, inflación muy elevada, etc.), cambios en alguna actividad importante, standards muy inadecuados, introducción o eliminación de alguna actividad significativa, etc.

Dada la complejidad administrativa y la desorientación que puede suponer la revisión de los presupuestos iniciales es recomendable no hacer modificaciones puesto que, si los cambios no son realmente muy significativos, el propio sistema presupuestario contempla la realización de ajustes «a posteriori» de los presupuestos iniciales sin tener que modificar éstos.

Todo esto, no obstante, no se refiere al presupuesto de tesorería que, por sus propias características, debe ajustarse permanentemente.

3

El proceso de elaboración del presupuesto (I): El caso de la empresa de servicios y de la empresa comercial

Una vez vistos en los dos primeros capítulos la filosofía de la planificación y el proceso organizativo en el que se enmarca la confección de los diferentes presupuestos, en este capítulo se estudiará el proceso de elaboración y cuantificación del presupuesto. Para facilitar su comprensión se empezará la exposición con el caso más sencillo de una empresa de servicios y comercial para desarrollar en el capítulo 4 el caso más complejo de la empresa industrial.

El desarrollo del proceso presupuestario comprende básicamente la elaboración de tres estados contables previsionales:

— La cuenta de resultados previsional.

— El presupuesto de tesorería (o cash budget), y

— El balance previsional.

La elaboración de la cuenta de resultados previsional supone, normalmente, el inicio del proceso presupuestario. Para la elaboración de la cuenta de resultados previsional es necesario estimar:

— El presupuesto de ventas.

— El presupuesto de gastos, tanto el presupuesto del coste de ventas como el presupuesto de los gastos por departamentos.

— El presupuesto de compras y de existencias.

Para la elaboración del presupuesto de tesorería es necesario estimar:

— El presupuesto de inversiones.

— La política de financiación (a partir de la cual se estiman los gastos financieros que se añaden a la cuenta de resultados previsional para obtener el beneficio antes de impuestos y el beneficio neto).

Y en función de la cuenta de resultados previsional y del presupuesto de tesorería se elabora el balance previsional.

El punto de partida del proceso presupuestario es, habitualmente, la elaboración del presupuesto de ventas a partir del cual se elaboran los demás presupuestos. A partir del presupuesto de ventas se elaboran el presupuesto de compras y de existencias, el presupuesto del coste de ventas (es decir el coste de compra de los productos que vendemos) y el presupuesto de los gastos por departamentos.

A partir de estos presupuestos y de la estimación de los gastos financieros y de los impuestos se calcula el beneficio neto previsional. De esta manera se obtiene la cuenta de resultados previsional.

En el capítulo 2 se han expuesto ya el proceso y las técnicas para la previsión de las variables que inciden en el resultado de la empresa y, por consiguiente, en la confección del presupuesto.

Al confeccionar la cuenta de resultados previsional anticipamos cuál es el resultado que puede tener la empresa. Esto nos permite ver si está de acuerdo con las expectativas previas y con los objetivos establecidos. Si no lo estuviera se podría volver a empezar el proceso hasta obtener el resultado deseado.

Por otro lado, para asegurar la viabilidad financiera de la empresa es conveniente elaborar el presupuesto de tesorería para saber cuáles serán las necesidades financieras del período que abarca el presupuesto. La previsión de las necesidades permite estudiar con anticipación y con una perspectiva de varios meses cuál puede ser la política financiera más adecuada. Igualmente, a partir del cálculo de las necesidades y de su financiación podremos conocer el importe de los gastos financieros previsionales.

En el cuadro 3.1 se presenta un esquema del proceso de elaboración de los diferentes presupuestos en una empresa de servicios o comercial.

A partir de esta breve introducción pasemos a detallar la elaboración de cada uno de los tres estados contables previsionales básicos.

58

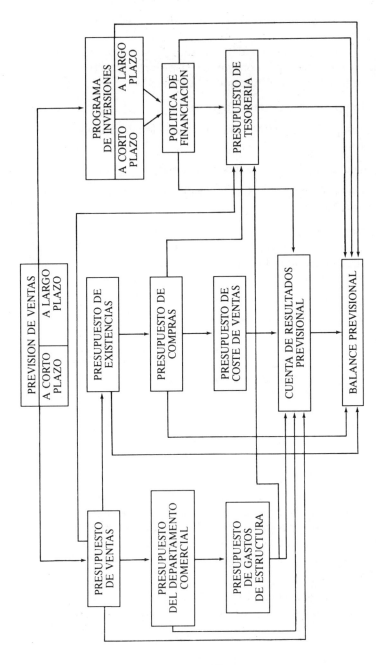

Cuadro 3.1 El proceso presupuestario en una empresa comercial

3.1 Elaboración de la cuenta de resultados previsional

La elaboración de la cuenta de resultados previsional, primero de los tres estados contables que comprende el proceso presupuestario, requiere la realización de tres presupuestos paralelos:

— El presupuesto de ventas o ingresos.

— El presupuesto de gastos de estructura de las secciones no productivas.

— El cálculo del coste de ventas previsional.

Dado que el primero ya se ha explicado en el capítulo 2, nos centraremos en los otros dos.

En primer lugar, en cuanto a la estimación del coste de estructura previsional, ésta se realiza a partir del estudio de cada uno de los diferentes centros de responsabilidad y de la cuantificación de su volumen de gastos en relación al nivel de actividad que se espera.

En segundo lugar, en cuanto a la estimación del coste de ventas, su complejidad de cálculo dependerá de si se trata de una empresa comercial o industrial. Mientras en una empresa comercial en la que no hay proceso de transformación el coste de ventas dependerá del número de unidades vendidas (que en principio debería ser igual al de las unidades que se han retirado del almacén si no se han producido mermas) y del precio de compra unitario (que depende de la estimación que se haga), en el caso de una empresa industrial el proceso de cálculo será más complejo puesto que deberemos calcular separadamente los costes directos de fabricación (materia prima, mano de obra directa) y los indirectos (gastos indirectos de fabricación o g.i.f.) en función del volumen de actividad previsto.

En el caso más sencillo de elaboración de una cuenta de resultados previsional, en una empresa como puede ser una comercial o de servicios, el proceso presupuestario, tal como se ha indicado antes, a partir de la previsión de ventas, se centra en la estimación del coste de ventas (en el caso de la empresa comercial) y de los gastos de estructura (en ambos casos).

La estimación del coste de ventas se realizará en función del número de unidades a vender y del coste unitario de compra standard:

$$\frac{\text{Coste}}{\text{de ventas}} = \frac{\text{Número de unidades}}{\text{a vender}} * \frac{\text{Coste de compra}}{\text{standard}}$$

La estimación de los gastos de estructura según sean por «naturaleza» (contabilidad general) o por «centro de responsabilidad» (contabilidad analítica) se realizará en función de la previsión que se haga por parte de los responsables de cada centro y de sus superiores.

Para ilustrar cómo se realiza el proceso de elaboración de la cuenta de resultados previsional desarrollaremos el caso sencillo de una clínica, la clínica «El enfermo imaginario». Esta clínica ofrece un servicio de hospitalización para enfermos y un servico de cafetería restaurante abierto al público en general.

Supongamos que queremos elaborar el presupuesto del mes de enero y que disponemos de la información hipotética y simplificada, para facilitar la comprensión del proceso, que se indica para el mes de enero:

— Dado que el indicador que se utiliza en el sector hospitalario para estimar la actividad es el número de estancias/día suponemos que la clínica tiene 20 camas y ello permitirá que durante el mes de enero se tengan 500 estancias, lo cual significa que de 20 camas × 30 días = 620 estancias posibles se aprovecharán un 80 % (500/620).

— La cafetería, por otra parte, sólo sirve menús que ya compra cocinados a una compañía de catering que también suministra al servicio de hospitalización. Las comidas que no se venden se guardan en la cámara frigorífica. Durante el mes de enero se estima que en la cafetería se servirán 400 comidas a un precio de 400 ptas./comida.

— El precio que se cobra por estancia y día por cada enfermo es de 1.000 ptas. (independientemente del número de días que se puedan estar, es decir que no hay descuentos).

— El servicio de hospitalización comporta para cada paciente una previsión de:

  • tres comidas al día que se adquieren a la compañía de catering y que se sirven a cada enfermo,

  • una inyección al día de un determinado producto (supongamos que a todos los pacientes, independientemente de lo que puedan tener, se les suministra la misma «medicina» y en la misma cantidad)

— Cada inyección se prevé adquirirla a 150 ptas./unidad, mientras que cada comida se estima que cuesta 100 ptas. Se supone que los stocks que pueda haber se valoran al precio standard.
Aunque no sea necesario para el cálculo de la cuenta de resultados previsional, supongamos que la cafetería tiene una existencia inicial de 5 comidas mientras que el servicio de hospitalización tiene 10 unidades. Además, el servicio de hospitalización tiene una existencia inicial de 20 inyecciones.

— Los gastos previstos son los siguientes:

— Personal	300.000
— T.S. y S.E.	40.000
— Tributos	20.000
— Diversos	40.000
Total	400.000
Amortización	80.000
Total	480.000

A partir de esta información se puede elaborar la cuenta de resultados previsional (ver cuadro 3.2).

A partir de aquí podemos ver como, a pesar de que los dos servicios aportarán un margen positivo, los gastos de estructura, que ascienden a 480.000 ptas., son superiores a aquel, que es 395.000 ptas., lo cual hace que el BAIT (Beneficio antes de intereses y de impuestos) sea negativo.

Como la información es previsional antes de que se produzca este resultado negativo podemos:

— Variar la política de precios para aumentar los ingresos mediante un aumento del precio o bien aumentar el número de estancias mediante una reducción de precio.

— Aumentar el número de estancias (estamos en un 80 % de utilización) mediante un convenio con alguna institución privada o pública.

— Reducir el coste de ventas mediante una reducción del coste de la

	Total	Hospitalización	Cafetería
Ingresos	660.000	500.000 (1)	160.000 (2)
Coste ventas	265.000	225.000 (3)	40.000 (4)
Margen bruto	395.000	275.000	120.000
G. estructura	480.000	—	—
BAIT	— 85.000		

(1) 500 × 1.000

(2) 400 × 400

(3) 150 ptas./inyección × 500 estancias = 75.000 ptas.
100 ptas./comida × 3 comidas × 500 estancias = 150.000 ptas.
Total = 75.000 + 150.000 = 225.000 ptas.
El coste unitario será: 150 + 300 = 450 ptas.

(4) 100 ptas./comida × 400 comidas.

Cuadro 3.2 Cuenta de resultados previsional

comida o de los medicamentos (ya sea reduciendo el consumo o el precio de compra) o,

— Reducir el importe de los gastos de estructura.

Una vez desarrollado el proceso básico que se debe seguir para la elaboración del presupuesto se podría complicar más el problema introduciendo hipótesis más complejas como por ejemplo las siguientes:

— Dentro del servicio de hospitalización se podrían considerar varios servicios diferentes con distintos tipos de atenciones médicas y de productos a recetar. Ello obligaría a tener que determinar unos costes standard para cada tipo de servicio.

— Dentro del servicio de cafetería se podría suponer que la cocina es propia y que todo el servicio de bar se adquiere al exterior.

— Los gastos de estructura se podrían imputar a los diferentes servicios.

Sin embargo, aunque la complejidad sería mayor, el proceso sería el mismo y para su realización requeriría conocer profundamente la contabilidad de costes para llegar a obtener:

— Los costes presupuestados para cada centro de responsabilidad.

— Los costes por cada «producto» que ofrece (y factura) la clínica: visitas, operaciones quirúrgicas, menú, una «tapa» en el bar, etc.

— La cuenta de resultados analítica previsional por productos y total.

Habitualmente el presupuesto se elabora con un horizonte anual. En el último apartado de este capítulo se expone el caso de la clínica «El enfermo imaginario» desarrollando su presupuesto anual.

3.2 Elaboración del presupuesto de tesorería

El presupuesto de tesorería pretende conocer con anticipación la previsión del saldo de tesorería, ya sea deficitario o excedentario, con el objeto de planificar la política financiera de la empresa.

El presupuesto de tesorería refleja la influencia de las diferentes actividades previstas de la empresa en la liquidez. Si el resultado del presupuesto es negativo ésto nos indicará las necesidades financieras que tiene la empresa así como el momento en que éstas se necesitan.

La elaboración del presupuesto de tesorería se realiza tal como se ha indicado en el apartado anterior de forma coordinada con la elaboración de la cuenta de resultados previsional.

La elaboración del presupuesto de tesorería requiere la realización de dos presupuestos paralelos:

— El presupuesto de tesorería de explotación u operativo, que se refiere a los cobros y pagos que se producen como consecuencia de las operaciones comerciales de una empresa, y

— El presupuesto de tesorería financiero o de capital, que se refiere a los ingresos (ampliación del capital social, concesión de créditos, venta de activos, etc.) y pagos (pago de dividendos, devolución de créditos, compra de activos, etc.) relacionados con las operaciones de carácter financiero de la empresa.

La realización de este presupuesto puede ser diaria, semanal, mensual, trimestral, semestral, anual o quinquenal, según las necesidades de información que tenga la empresa, los medios de que disponga y el coste que comporten.

La presentación del presupuesto de tesorería suele seguir un determinado orden. El cuadro 3.3 ilustra un ejemplo de la presentación del mismo.

		Períodos						
		1	*2*	*3*	*4*	*5*	*6*	*7*
	Presupuesto de ingresos • Cobros de ventas del mes • Cobros de ventas del mes anterior • ... • Otros ingresos Total (1)							
	Presupuesto de pagos por compras y gastos • Pagos por compras del mes • Pagos por compras del mes anterior • ... • Personal (sueldos) • IRPF • S.S. • G. Financieros • Tributos • Transportes • T.S. y S.E. • G. Diversos Total (2)							
	Saldo operativo (1) − (2) = (3)							
	Presupuesto de cobros en capital • Ampliación capital • Venta inmovilizado • Préstamo • ... Total (4)							
	Presupuesto de pagos en capital • Dividendos • Compra inmovilizado • Devolución crédito • ... Total (5)							
	Saldo financiero (4) − (5) = (6)							
	Saldo total (3) + (6) = (7)							
	Saldo inicial (8)							
	Saldo final (8) + (7) = (9)							

Cuadro 3.3 Presupuesto de tesorería

Para ver cómo se realiza el proceso de elaboración del presupuesto de tesorería vamos a utilizar el caso que habíamos introducido en el apartado anterior. Supongamos que la clínica tuviera previsto en el mes de enero:

— Cobrar los servicios hospitalarios un 50 % al contado y el otro 50 % a los dos meses (supongamos que las ventas de hace dos meses fueron 500.000 ptas., por lo que se espera cobrar el 50 % de estas ventas).

— Cobrar los servicios de cafetería al contado.

— Pagar las compras de medicamentos, que se prevé que sean de 505 unidades en el mes de enero, a los tres meses.

— Pagar las compras de menús, que se prevé que sean de 1.900 unidades en el mes de enero, el 50 % al contado y el restante 50 % a los dos meses.

— Se supone que hasta ahora se había pagado a los proveedores siempre al contado y que por tanto no se les debe nada.

— Se prevé pagar los gastos en el mismo mes en que se produzcan, al contado, excepto una parte de los gastos de personal, cuyo coste total del mes se prevé en 300.000 ptas., siendo esta parte de 40.000 que corresponde a la imputación de las dos pagas extras, 480.000 ptas. en total, entre doce meses, que se pagarán en el mes de junio y diciembre, respectivamente.

— Se prevé aumentar el capital social en el mes de enero en 100.000 ptas.

— Se prevé pagar los intereses financieros de un préstamo de 400.000 ptas. Los intereses son del 12 % anual y se pagan mensualmente (un 1 % mensual).

A partir de esta información, y suponiendo que el importe del disponible inicial sea de 300.000 ptas., tendríamos:

a) Presupuesto de cobros de explotación

- Cobros de hospitalización del mes   250.000   (50 % de los ingresos del mes)

- Cobros de hospitalización de los ingresos de hace dos meses   250.000   (50 % de los ingresos de hace dos meses)

- Cobros de cafetería   160.000   (100 % de los ingresos del mes en cafetería)

Total 660.000 ptas.

b) Presupuesto de pagos de explotación

- Pagos por compras de inyecciones   0   (0 % de las compras de hace tres meses)

- Pagos por compras de comidas   95.000   (50 % de las compras de este mes)

- Personal   260.000

- Trabajos, suministros y servicios exteriores   40.000

- Tributos   20.000

- Gastos diversos   40.000

- Gastos financieros   4.000   (1 % de 400.000)

Total 459.000 ptas.

Así, el saldo de tesorería de explotación del período sería:

$$660.000 - 459.000 = 201.000 \text{ ptas.}$$

c) Presupuesto de cobros de capital

- Ampliación de capital   100.000

d) Presupuesto de pagos de capital

- Pagos de inmovilizado   —
- Devolución de préstamos   —
- Dividendos   —

Así, el saldo de tesorería financiero sería:

100.000 − 0 = 100.000 ptas.

Y, por consiguiente, el saldo total de este mes sería:

201.000 + 100.000 = 301.000 ptas.

Si el saldo inicial era de 300.000 ptas., el saldo final de tesorería sería:

300.000 + 301.000 = 601.000 ptas.

A la vista de este resultado, se puede estudiar la gestión de este excedente de liquidez para lograr una mayor rentabilidad. Si se decidiera gestionar aquél, ello supondría modificar el presupuesto calculado.

3.3 Elaboración del balance previsional

La realización del balance previsional pretende obtener, con anticipación, el balance de la empresa al objeto de conocer el activo y el pasivo previstos. Por dicha razón, lo que debe hacerse es calcular el importe de cada uno de los conceptos de activo y de pasivo siguiendo el siguiente planteamiento:

Saldo final = saldo inicial +	*aumentos*	*− disminuciones*
Inmovilizado	Compras	Ventas
Existencias m.p.	Compras	Consumos
Existencias p.a.	Producción	Ventas (1)
Clientes	Ventas	Cobros
Disponible	A partir del presupuesto de tesorería	
Capital social	Ampliación	Reducción
Reservas	Beneficios	Pérdidas
Exigible bancario	Créditos	Devolución
Proveedores	Compras	Pagos

(1) A precio de coste.

Para ver cómo se realiza el proceso de elaboración del balance previsional vamos a seguir utilizando el caso anterior. Supongamos que el balance de situación a 1 de enero es el siguiente:

Inmovilizado bruto	3.840.000
(−) Amortización acumulada	−1.120.000
Inmovilizado neto	2.720.000
Existencias	4.500
Clientes	500.000
Disponible	300.000
TOTAL	3.524.500 ptas.
Capital social	3.000.000
Reservas	124.500
Exigible bancario	400.000

A partir de aquí obtendríamos el balance final a 31 de enero, que sería:

Inmovilizado bruto	3.840.000 (No varía)
(−) Amortización acumulada	−1.200.000 (1)
Inmovilizado neto	2.640.000
Existencias	5.250 (2)
Clientes	500.000 (3)
Disponible	601.000 (4)
TOTAL	3.746.250 ptas.
Capital social	3.100.000 (5)
Reservas	124.500 (No varía)
Exigible bancario	400.000 (No varía)
Proveedores	170.750 (6)
Ajustes por periodificación	40.000 (7)
Resultado del ejercicio	−89.000 (8)

Para la obtención del balance final se han realizado las siguientes operaciones:

(1) Se prevé realizar una amortización de 80.000 ptas.

(2) 4.500 + compras − consumos = saldo final

Compras de medicamentos:	505 unidades × 150 =	75.750 ptas.
Compras de comidas:	1.900 unidades × 100 =	190.000 ptas.
		265.750 ptas.

Consumos de medicamentos:	500 unidades × 100 =	75.000 ptas.
Consumos de comidas:	1.900 unidades × 100 =	190.000 ptas.
		265.000 ptas.

(3) 500.000 + ventas − cobros

Ingresos totales:	660.000 ptas.	
Cobros hospital Ingresos del mes:	50 % × 500.000 =	250.000 ptas.
Cobros hospital Ingresos anteriores:	50 % × 500.000 +	250.000 ptas.
Cobros cafetería del mes:	100 % × 160.000 =	160.000 ptas.
		660.000 ptas.

(4) Ver el presupuesto de tesorería.

(5) Ha habido una ampliación de capital de 100.000 ptas.

(6) Como no había saldo inicial corresponde a:
Compras − pagos = 265.750 − 95.000 ptas.
Las compras se han calculado en (2)
Los pagos serán:
  • Medicamentos: 0 (a los tres meses)
  • Comidas: 50 % × 190.000 = 95.000 ptas.

(7) Como no había saldo inicial, corresponde a:
Gastos de personal − pagos de personal = 300.000 − 260.000 = 40.000 ptas.

(8) Como no había saldo inicial corresponde a las pérdidas del ejercicio, que eran de − 85.000 ptas. (BAIT previsional) a las que debían añadirse 4.000 ptas. de gastos financieros (1 % × 400.000).

4

El proceso de elaboración del presupuesto (II): el caso de la empresa industrial

Tal como se ha indicado en el capítulo 3, la elaboración del presupuesto comprende la realización de:

— El presupuesto de la cuenta de resultados, que en la empresa industrial requiere calcular el coste standard unitario de fabricación.

— El presupuesto de tesorería.

— El balance previsional.

Dado que el proceso de elaboración de estos dos últimos es semejante al de la empresa de servicios o comercial nos centraremos especialmente en el presupuesto de la cuenta de resultados. El proceso queda resumido en el cuadro 4.1.

Para la elaboración de la cuenta de resultados previsional es necesario estimar:

— El presupuesto de ventas.

— El presupuesto de gastos, tanto el presupuesto del coste de fabricación de las ventas como el presupuesto de los gastos por departamentos.

— El presupuesto de compras de materias primas y el presupuesto de existencias de materias primas, productos en curso y productos acabados.

El punto de partida del proceso presupuestario es, tal como se ha indicado anteriormente, la elaboración del presupuesto de ventas a partir del cual se elaboran el presupuesto de compras y de existencias, el presupuesto del coste de ventas (es decir el coste de fabricación de los productos que vendemos) y el presupuesto de los gastos por departamentos.

71

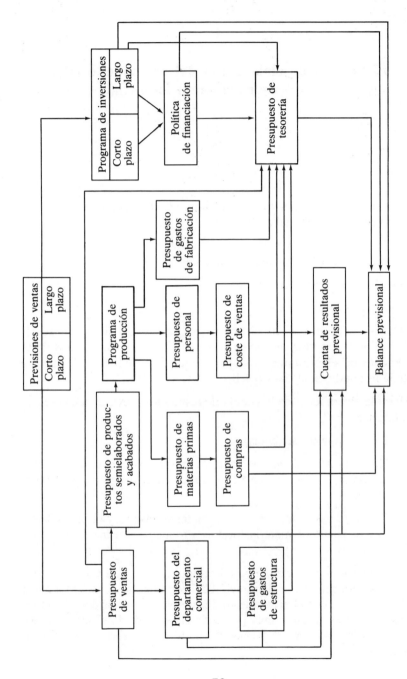

Cuadro 4.1 El proceso presupuestario en una empresa industrial

Para la elaboración del presupuesto del coste de ventas es necesario estimar el coste unitario standard de fabricación a partir del presupuesto de consumo de materia prima de los diferentes materiales para cada uno de los productos, mano de obra y gastos indirectos de fabricación de las diferentes secciones productivas.

A partir de estos presupuestos y de la estimación de los gastos financieros y de los impuestos se calcula el beneficio neto previsional. De esta manera se obtiene la cuenta de resultados previsional.

Al igual que en la empresa comercial, el proceso presupuestario de la cuenta de resultados de una empresa industrial se centra, a partir de la previsión de ventas, en la estimación del coste de ventas y de los gastos de estructura. Sin embargo, el proceso de cálculo del coste standard unitario de fabricación, aspecto diferencial de la empresa industrial respecto a la empresa comercial o a la empresa de servicios y al que nos referimos en este apartado, puede realizarse:

- Mensual o anualmente: En el primer caso se calcula el coste de fabricación standard cada mes mientras que en el segundo se calcula uno para todo el año.

- Sin o con presupuesto flexible: En el primer caso se supone que los gastos indirectos no varían en función de la actividad mientras que en el segundo caso sí.

El caso más simple es el de la elaboración del presupuesto mensual sin tener en cuenta el presupuesto flexible de los gastos indirectos, principalmente de fabricación. Sin embargo, por cuestiones de procedimiento administrativo es conveniente confeccionar el presupuesto con un horizonte anual porque significa calcular un solo coste unitario para todo el año lo cual simplifica notablemente el proceso contable. Por otra parte, en la medida en que en una empresa los gastos indirectos sean importantes será necesario realizar el presupuesto flexible para permitir una mayor validez y fiabilidad en el cálculo de las desviaciones.

4.1 Elaboración de la cuenta de resultados mensual sin el presupuesto flexible

El punto de partida para la elaboración de la cuenta de resultados es la determinación de los costes standard. El coste standard es el coste de fabricación unitario que se prevé tendrá cada unidad de producto en función de las estimaciones que se hagan sobre el consumo de recursos (principalmente materiales y mano de obra). Utilizando el sistema Full Costing o de costes absorbentes, el coste standard de un producto equivaldrá a la suma del coste standard de materias primas, mano de obra directa y gastos indirectos de fabricación.

Este coste unitario permite calcular tanto el importe del coste de ventas como el valor del stock final. Igualmente, su cálculo puede dar una pauta significativa para la fijación de precios y la evaluación a posteriori de las secciones de producción.

Comenzaremos la exposición del sistema de elaboración de la cuenta de resultados suponiendo, inicialmente y para simplificar, que el coste standard unitario de fabricación se calcula cada mes a partir de las previsiones de consumo de materias primas y de g.i.f. (gastos indirectos de fabricación), siendo éstos últimos fijos independientemente de cuál sea el volumen de actividad (es decir, sin presupuesto flexible de los g.i.f. en función del volumen de actividad).

Para la elaboración de la cuenta de resultados previsional se requiere realizar:

— La estimación del total de las unidades a vender de cada producto en cada período y por cada delegación o zona de venta.

— La estimación del total de unidades a producir de cada producto en cada período por cada fábrica y por cada sección en función de la estimación de ventas.

A partir de la estimación de ventas por producto, por mercado y por período se deben determinar las unidades a producir en función del stock inicial de productos semiterminados y acabados y del stock final deseado:

$$
\begin{array}{ll}
 & \text{Ventas previstas (unidades)} \\
(-) & \text{Stock inicial} \\
(+) & \text{Stock final} \\
\hline
(=) & \text{Necesidades de producción (unidades)}
\end{array}
$$

— En función de las necesidades de producción se debe realizar la previsión de:

- El consumo de materias primas por unidad fabricada de cada producto,

- El consumo de horas de mano de obra directa por unidad fabricada y por sección para cada producto,

- El consumo de unidades de obra de g.i.f. por unidad fabricada y por sección para cada producto.

— En función de las necesidades de recursos, la previsión de:

- El coste de compra por unidad (tonelada, kilogramo, metro cuadrado) de cada materia prima que se incorpora al producto.

- El coste por hora de mano de obra directa para cada sección de fabricación (en función de la previsión del total de gastos de personal de la m.o.d. y del número de horas a trabajar por este personal en el período) por la que pasan las materias primas y los productos en curso para procederse a su transformación.

- El coste por unidad de obra de g.i.f. para cada sección productiva en función de la previsión de g.i.f. de cada sección y de las unidades de obra del período de ésta.

A partir de estas cuatro estimaciones se podrá determinar, siguiendo los criterios de la contabilidad analítica:

- El coste standard unitario de fabricación por producto (incluyendo m.p., m.o.d. y g.i.f.).

- El coste de ventas.

Y si, por otra parte, calculamos la previsión de los gastos de estructura podremos obtener la cuenta de resultados previsional.

Al objeto de facilitar la aplicación práctica del proceso de elaboración del presupuesto de la cuenta de resultados de una empresa industrial, introduciremos el caso sencillo de una pequeña empresa, «Industrial Manufacturera, S.A.», empresa que fabrica dos productos, el producto 1 y el producto 2.

El proceso de fabricación se efectúa a partir de dos materias primas, M y N, mediante dos secciones productivas que realizan las funciones de mezcla y de acabado.

Además de las dos secciones productivas supondremos, también, que esta empresa tiene una sección de dirección y una de ventas.

Para realizar el presupuesto del mes de enero del año 1 de esta empresa se dispone de información referente a:

— La estimación de precios de venta.

— Las previsiones de fabricación y de venta del mes.

— Datos de los costes (standards de consumo de materia prima y coste standard por unidad, gastos indirectos de fabricación presupuestados).

— Criterios de distribución de los gastos indirectos del mes a las secciones y a los productos (en función de los tiempos de producción en cada sección).

Para simplificar las operaciones que se deben realizar se trabajará con unidades monetarias y físicas pequeñas.

La información de partida para la elaboración del presupuesto se concreta en:

• Se considera que los precios de venta serán para el producto 1 de 100 ptas. por unidad y de 40 ptas. por unidad para el producto 2.

• Las previsiones de fabricación y ventas para el mes de enero serán las siguientes (en unidades):

PRODUCTO 1			PRODUCTO 2		
Existencia inicial	Producción	Venta	Existencia inicial	Producción	Venta
10	58	50	2	56	40

• Se estima que el consumo standard de materia prima (M o N) por unidad de producto acabado así como el precio por unidad de materia prima (kg) son los siguientes:

76

	Materia prima	
Producto	M	N
1 2	1 kg —	1 kg 1 kg
Precio por kg de m.p.	15 ptas./kg	25 ptas./kg

- Se considera, para simplificar los cálculos, que toda la mano de obra directa está incluida dentro de los g.i.f.

- La previsión en unidades monetarias de los gastos indirectos del mes de enero es la siguiente:

	Enero
Personal	2.496
Materiales auxiliares	397,5
Alquileres	600
Reparaciones	398,75
Diversos	298
Amortizaciones	180
	4.370,25

La distribución de estos gastos indirectos entre las secciones productivas y no productivas de la empresa en el mes de enero se estima que será la siguiente:

	Total	Mezcla	Acabado	Dirección	Comercial
Personal	2.496	706	890	300	600
M. auxiliares	397,5	127,5	270	—	—
Alquileres	600	140	140	—	320
Reparaciones	398,75	118,75	220	60	—
Diversos	298	128	130	—	40
Amortizaciones	180	100	80	—	—
	4.370,25	1.320,25	1.730	360	960

• Los gastos de las dos secciones, Mezcla y Acabado, se imputan en función de las horas de mano de obra disponibles que se estima que son 130 horas para cada una de ellas.

Los tiempos unitarios de fabricación standard son los siguientes:

Sección	Producto 1	Producto 2	Total efectivo
Mezcla	0,9 horas	1,3 horas	125 (1)
Acabado	0,6 horas	1,7 horas	130 (2)
Producción Enero	58 unidades	56 unidades	—

(1) $(0,9 \times 58) + (1,3 \times 56)$

(2) $(0,6 \times 58) + (1,7 \times 56)$

A partir de esta información podemos empezar a elaborar el cálculo del coste unitario standard con el que se puede obtener la cuenta de resultados analítica.

4.1.1 Cálculo del coste directo standard de materias primas

En función de la determinación por parte del director de producción o de la oficina técnica del consumo unitario (en kilogramos en este caso) de materias primas y del coste de adquisición a los proveedores por kilogramo por parte del responsable de compras se obtiene el coste standard de materia prima (ver cuadro 4.2).

Concepto	M.P.	Producto 1	Producto 2
Coste de materia prima standard por unidad fabricada	M	1 kg × 15 ptas./kg = = 15 ptas.	
	N	1 kg × 25 ptas./kg = = 25 ptas.	1 kg × 25 ptas./kg = = 25 ptas.
Total coste standard unitario		40 ptas.	25 ptas.

4.1.2 Cálculo del coste indirecto standard de fabricación por sección y por producto

En cuanto a la estimación del coste standard indirecto de fabricación por unidad es necesario tener el presupuesto del mes de enero de gastos indirectos (de fabricación y de estructura de la empresa) distribuidos por secciones, así como el número de unidades de obra por cada sección. El primero se determina por parte de dirección en colaboración con cada uno de los distintos departamentos mientras que el número de unidades se calcula en función de la capacidad de producción estimada por parte de los responsables de las diferentes secciones.

— A partir del cálculo de las unidades de obra se puede determinar el coste standard por unidad de obra dividiendo los g.i.f. de cada sección por el número de unidades de obra (ver cuadro 4.3).

| | Secciones productivas | |
Concepto	Mezcla	Acabado
Personal	706	890
M. auxiliares	127,5	270
Alquileres	140	140
Reparaciones	118,75	220
Diversos	128	130
Amortización	100	80
Total	1.320,25	1.730
Núm. unidades de obra disponibles	130 horas (1)	130 horas
Coste por unidad de obra	10,1557 ptas./hora	13,3076 ptas./hora

(1) Se hace el supuesto que de las 130 horas disponibles sólo habrá 125 que sean efectivas. Por tanto habrá 5 horas de subactividad que supondrán un coste de subactividad de 5 horas $\times$ 10,1557 = 50,8.

Cuadro 4.3 Coste standard por unidad de obra (por hora)

Y, a partir de aquí, se puede determinar el coste indirecto standard por unidad fabricada al multiplicar el coste por unidad de obra por el número de unidades de obra que incorpora cada producto (ver cuadro 4.4). En este caso la unidad de obra es la hora. Su determinación la realizará el responsable de producción con la colaboración de la oficina técnica o de un cronometraje externo. Aunque su determinación puede ser intuitiva y aproximativa, cuanto más exacta sea, mejor será el análisis que permitirá.

Y, el coste unitario standard de fabricación será la suma del coste directo y el coste indirecto de fabricación (los valores se han aproximado en el cuadro 4.5.)

80

4.1.3 Cálculo de la cuenta de resultados previsional

En función de las informaciones anteriores podemos determinar la cuenta de resultados previsional a partir del cálculo del coste de ventas. Este cálculo se realizará mediante la multiplicación del número de unidades vendidas por el coste standard de fabricación unitario. Será necesario también incluir el presupuesto de los gastos de estructura (ver cuadro 4.6).

| Producto | Sección productiva | | Total |
	Mezcla	Acabado	
1	10,1557 ptas./hora × 0,9 = 9,14 ptas.	13,3076 ptas./hora × 0,6 = 7,9846 ptas.	17,12 ptas./unidad
2	10,1557 ptas./hora × 1,3 = 13,2 ptas.	13,3076 ptas./hora × 1,7 = 22,6230 ptas.	35,82 ptas./unidad

Cuadro 4.4 Coste g.i.f. unitario standard

| Concepto | Producto | |
	1	2
M.P.	40	25
G.I.F.	17,12	35,82
Total	57,12	60,82

Cuadro 4.5 Coste standard unitario de fabricación

81

	1	2	Total
Ventas (1)	5.000	1.600	6.600
Costes ventas (2)	2.856	2.432,8	5.288,8
Margen	2.144	−832,8	1.311,2
Coste estructura (3)			1.370,8
Bait (4)			−59,6

1. Para el producto 1 es 50 unidades × 100 ptas/unidad y para el producto 2 es 40 unidades × 40 ptas/unidad.
2. A partir del coste standard de fabricación unitario multiplicado por las unidades vendidas:
   Para el producto 1: 57,12 ptas/unidad × 50 unidades y
   Para el producto 2: 60,82 × 40 unidades.
3. Corresponde al importe de los gastos indirectos de los departamentos de Dirección y Comercial en función de la distribución de los gastos por secciones que se ha realizado (360 + 960). Además se ha incorporado el coste de subactividad de la sección 1 que es (130 − 125 horas × 10,1557 = 50,8) tal como se ha calculado antes en el cuadro 4.3.
4. No se han calculado los gastos financieros y los impuestos porque dependen de las necesidades de financiación.

Cuadro 4.6 Cuenta de resultados analítica

4.2. Elaboración de la cuenta de resultados mensual a partir del coste standard unitario anual

En el apartado anterior se ha expuesto de manera introductoria el proceso de cálculo del coste standard unitario mensual de fabricación. Este proceso puede ser mejorado si el coste standard unitario de fabricación se obtiene sobre una base de cálculo anual en lugar de mensual. Esto permite simplificar el proceso administrativo al realizar el cálculo del coste standard una sola vez en todo el año.

En el apartado 4.1 se ha realizado el cálculo del coste standard unitario del mes de enero que seguramente no coincidiría con el que resultará de seguir el mismo proceso para el mes de febrero si los gastos previstos para el año no se imputan mensualmente sólo en función del número de horas disponible sino que hay otros criterios de reparto. Para facilitar las tareas administrativas y la toma de decisiones suele ser más apropiado y cómodo calcular un único coste standard unitario

82

para todo el año. Dado que la parte de materia prima, y de mano de obra si la hubiera, suele ser siempre la misma, para calcular el coste standard de cada unidad de producto sería necesario calcular el g.i.f. coste standard unitario indirecto de fabricación de cada sección a partir de la estimación anual de cada uno de los diferentes conceptos de g.i.f. que lo componen.

Disponiendo del total anual de los g.i.f. (y de su distribución en los diferentes meses), se podrá calcular el coste por unidad de actividad y por sección dividiéndolo por el volumen de actividad previsto para todo el año.

Supongamos que la previsión de gastos indirectos para cada centro de responsabilidad, en función de una serie de criterios de asignación determinados cuya definición está relacionada con el diseño del sistema de costes, ha sido la que refleja el cuadro 4.7 (los gastos correspondientes a todo el año) y el cuadro 4.8 (los gastos mensuales del mes de enero). En el cuadro 4.7 se observa que los g.i.f. de Mezcla y Acabado ascienden a 31.300 ptas. (13.561 + 17.739).

	Total	Mezcla	Acabado	Dirección	Comercial
Personal	24.962	7.074	8.888	3.000	6.000
M. auxiliares	4.173	1.348	2.825	—	—
Alquileres	6.280	1.540	1.540	—	3.200
Reparaciones	3.978	1.192	2.186	600	—
Diversos	3.307	1.407	1.500	—	400
Amortizaciones	1.800	1.000	800	—	—
Total	44.500	13.561	17.739	3.600	9.600
Horas disponibles		1.300	1.300		
Coste por hora		10,43	13,64		

Cuadro 4.7 Presupuesto de gastos indirectos anuales

A partir de los cálculos realizados con esta información se obtendría que el coste por hora de la sección de Mezcla sería 10,43 ptas. mientras que el de la sección de Acabado sería 13,64.

	Total	Mezcla	Acabado	Dirección	Comercial
Personal	2.496	706	890	300	600
M. auxiliares	397,5	127,5	270	—	—
Alquileres	600	140	140	—	320
Reparaciones	398,75	118,75	220	60	—
Diversos	298	128	130	—	40
Amortizaciones	180	100	80	—	—
Total	4.370,25	1.320,25	1.730	360	960
Horas disponibles		130	130		
Horas efectivas		125	130		
Coste subactividad (1)		52	—		

(1). 5 horas × 10,43 (ver cuadro 4.7).

Cuadro 4.8 Presupuesto del mes de enero de los gastos indirectos de cada departamento

A partir de estos cálculos se modificaría el coste g.i.f. unitario (ver cuadro 4.9), el coste standard unitario de fabricación (ver cuadro 4.10) y la cuenta de resultados previsional (ver cuadro 4.11) que se habían obtenido en el apartado anterior.

Producto	Mezcla	Acabado	Total
1	10,43 $\frac{\text{ptas.}}{\text{hora}}$ × 0,9 h. = 9,39 ptas.	13,64 $\frac{\text{ptas.}}{\text{hora}}$ × 0,6 h. = 8,19 ptas.	17,58 ptas.
2	10,43 $\frac{\text{ptas.}}{\text{hora}}$ × 1,3 h. = 13,56 ptas.	13,64 $\frac{\text{ptas.}}{\text{hora}}$ × 1,7 h. = 23,2 ptas.	36,76 ptas.

Nota: Los importes se han aproximado para simplificar los cálculos.

Cuadro 4.9 Coste g.i.f. unitario standard (para todo el año)

Concepto	Producción	
	1	2
m.p.	40	25
g.i.f.	17,58	36,76
Total	57,58	61,76

Cuadro 4.10 Coste standard unitario de fabricación

Concepto	Total	Producto 1	Producto 2
Ventas	6.600	5.000	1.600
—Coste ventas	5.349	2.879 (2)	2.470 (3)
Margen bruto	1.251	2.121	−870
—Gastos estructura (1)	1.372		
Bait	−121		

(1). Incluye 360 de Dirección, 960 de Comercial y 52 que corresponden al coste de las 5 horas de subactividad de la Sección 1 (5 horas × 10,43).
(2). 50 unidades × 57,58 ptas./ud.
(3). 40 unidades × 61,76 ptas./ud.

Cuadro 4.11 Cuenta de resultados previsional de enero

Hay que tener en cuenta que al utilizar un coste de fabricación standard anual puede suceder, cuando las previsiones de los gastos indirectos anuales se distribuyen mensualmente con criterios diferentes respecto a la unidad de obra que se utiliza para la imputación de los g.i.f. a los productos, que el valor standard de los g.i.f. imputados al mes no coincida con el importe previsto de los g.i.f.

- Mezcla: 1.320,25
- Acabado: 1.730,—

Importe g.i.f. previsionales: 3.050,25 (ver pág. 78).

- Mezcla: 130 h. × 10,431 = 1.356
- Acabado: 130 h. × 13,645 = 1.774

Importe g.i.f. imputados: 3.130

Esto implica que hay una diferencia contable de 3.050,25 menos 3.130 que supondría un menos coste. Esta diferencia, que a final de año quedará saldada, aparece como consecuencia de las periodificaciones que se han realizado y puede ser contabilizada, preferiblemente, como ajuste por periodificación (por diferencias de imputación) o, también, como (más o menos según sea positivo o negativo) coste dentro de los gastos de estructura.

Para que la operación contable cuadre es necesario hacer un ajuste por la diferencia acumulada que se tenga. A final de año debe quedar saldado. Es decir, el saldo debe ser cero.

4.3 Elaboración de la cuenta de resultados mensual a partir del coste standard unitario anual y del presupuesto flexible

En el apartado anterior se ha expuesto el proceso de cálculo del coste standard unitario anual de fabricación. Este proceso puede ser mejorado de forma sensible si el importe de los g.i.f. (gastos indirectos de fabricación) se supone que no es fijo sino que depende del volumen de actividad. En este caso la previsión de los g.i.f. de cada sección se calcula mediante la utilización del denominado presupuesto flexible. Como trabajamos con un sistema Full Costing si suponemos que los g.i.f. pueden tener un componente variable entonces los g.i.f. se pueden descomponer en una parte fija, independiente del nivel de actividad, y otra parte variable cuyo importe dependerá del nivel de actividad (horas, unidades fabricadas, etc.).

4.3.1 El presupuesto flexible

La elaboración del presupuesto flexible intenta, por un lado, paliar la dificultad que entraña el análisis de las desviaciones que se produzcan en los gastos indirectos de fabricación así como, por otra parte, conocer cuál puede ser el coste en que se puede incurrir según cual sea el nivel de actividad que tenga la empresa.

Aunque se piensa que los gastos indirectos de fabricación (g.i.f.) son fijos, algunos pueden tener un comportamiento que suele denominarse como semivariable en el sentido de que hay una parte del importe total que tiene carácter fijo, independientemente de cuál sea el nivel de actividad, mientras que otra puede ser de carácter variable (caso de la energía, de los materiales auxiliares e indirectos, mantenimiento, etc.). Tradicionalmente se suele simplificar este problema suponiendo que son fijos ante la dificultad de descomponer la parte variable de la parte fija. Sin embargo, cuando el importe de los g.i.f. sea importante es conveniente descomponerlos en g.i.f. variables y g.i.f. fijos para mejorar la fiabilidad tanto de la previsión como del cálculo de las desviaciones.

La previsión de los g.i.f. puede ser realizada mediante una evaluación que puede ser intuitiva o, si es posible, estadística a través de la utilización de métodos estadísticos como puede ser, por ejemplo, la regresión. En último caso, si la estimación es costosa, complicada o poco relevante se pueden considerar los g.i.f. como fijos, tal como se hacía en el apartado anterior de este capítulo.

Supongamos que la estimación de los g.i.f. de la sección de Mezcla del caso que hemos introducido en el apartado anterior de este capítulo pueda ser, en función del volumen de actividad que se tenga, medido en el número de horas a trabajar por sección, como se refleja en el cuadro 4.12. Para ello hay que determinar los g.i.f. fijos y el coste variable de fabricación por hora (o por la unidad de obra que corresponda).

Para la elaboración del cuadro, que refleja la previsión de los g.i.f. de una sección determinada, la sección de mezcla, en función de varios niveles de actividad, se ha supuesto que los conceptos de g.i.f. pueden ser fijos (habitualmente lo suelen ser una gran parte de ellos) pero que a veces pueden tener un comportamiento variable según el nivel de actividad que desarrolle la sección.

En este caso concreto, para la estimación de los g.i.f. de la sección de Mezcla, se ha supuesto que:

— El nivel de actividad (que equivale, en definitiva, a las unidades de obra) se mide en horas.

— Los conceptos de alquileres y amortizaciones son totalmente fijos aunque se trabajen más horas.

— Los otros conceptos, personal, materias auxiliares, reparaciones y gastos diversos, tienen además de un componente fijo, una parte que es variable y que se ha podido evaluar. Esta parte fija será independiente del nivel de actividad y, por consiguiente, será la misma para todos los casos. En cuanto a la parte variable se ha supuesto que se puede determinar para cada concepto de gasto un coste por unidad de actividad (o unidad de obra).

Considerando que la actividad máxima es 130 horas se calculan sus g.i.f. para cinco niveles distintos de actividad (100, 110, 120, 125 y 130 horas). (Ver cuadro 4.12.)

Aunque en este caso se ha determinado el coste por hora de cada concepto de gasto y a partir de aquí se determina el coste variable total, en la práctica puede ser más fácil estimar directamente el coste variable total según cual sea el volumen de actividad.

			Sección: Mezcla Año: 1 Mes:Enero				
			Gastos variables según la actividad (según el número de horas)				
	Gastos fijos	Coste variable por hora	100	110	120	125	130
Personal	606	0,8	80	88	96	100	104
M. auxiliares	65	0,5	50	55	60	62,5	65
Alquileres	140	—	—	—	—	—	—
Reparaciones	87,5	0,25	25	27,5	30	31,25	32,5
Diversos	78	0,4	40	44	48	50	52
Amortizaciones	100	—	—	—	—	—	—
Total	1.076,5	1,95					
	Gastos variables		195	214,5	234	243,75	253,5
	Gastos fijos		1.076,5	1.076,5	1.076,5	1.076,5	1.076,5
	Total		1.271,5	1.291	1.310,5	1.320,25	1.330

Cuadro 4.12 Presupuesto flexible de g.i.f. de la sección de Mezcla.

El cuadro 4.12 también se podría elaborar para la sección de Acabado.

A partir de la información suministrada por el presupuesto flexible cuando el volumen de actividad real no coincida con el estimado «a priori» se ajustará el presupuesto al volumen real para que el análisis de las desviaciones sea válido.

4.3.2 Cálculo del coste standard unitario anual

A partir de lo explicado en el apartado anterior, supongamos que podemos descomponer los g.i.f. en fijos y variables y que la previsión de gastos fijos indirectos sea para cada centro de responsabilidad, en función de una serie de criterios de asignación determinados cuya definición está relacionada con el diseño del sistema de costes. Esto se refleja en el cuadro 4.13 (los gastos correspondientes a todo el año) y el cuadro 4.14 (los gastos mensuales del mes de enero).

	Total	Mezcla	Acabado	Dirección	Comercial
Personal	22.855	6.060	7.795	3.000	6.000
M. auxiliares	2.255	715	1.540	—	—
Alquileres	6.280	1.540	1.540	—	3.200
Reparaciones	2.375	875	900	600	—
Diversos	2.800	900	1.500	—	400
Amortizaciones	1.800	1.000	800	—	—
Total	38.365	11.090	14.075	3.600	9.600
Horas disponibles		1.300	1.300		

Cuadro 4.13 Presupuesto de gastos indirectos fijos anuales

En el cuadro 4.13 se observa que los g.i.f. fijos de Mezcla y Acabado ascienden a 25.165 (11.090 + 14.075) a los que deberán incorporarse el importe correspondiente a los gastos variables para tener el importe total de g.i.f. del año.

	Total	Mezcla	Acabado	Dirección	Comercial
Personal	2.285,5	606	779,5	300	600
M. auxiliares	205	65	140	—	—
Alquileres	600	140	140	—	320
Reparaciones	237,5	87,5	90	60	—
Diversos	248	78	130	—	40
Amortizaciones	180	100	80	—	—
Total	3.756	1.076,5	1.359,5	360	960
Horas disponibles		130	130		
Horas efectivas		125	130		

Cuadro 4.14 Presupuesto del mes de enero de los gastos indirectos fijos de cada departamento

Supongamos que, en este caso, a partir de la estimación del nivel de actividad de 1.300 horas anuales la previsión anual de los gastos sean para Mezcla y Acabado las que reflejan los cuadros 4.15 y 4.16.

	g.i.f fijos anuales (1)	g.i.f. fijos enero (2)	Criterio imputación (3)	Coste variable por hora (4)	g.i.f. variable enero (5)	Total g.i.f. enero (6)
Personal	6.060	606	Nivel actividad mes	0,8	100	706
M. auxiliares	715	65	Entre 11 meses	0,5	62,5	127,5
Alquileres	1.540	140	Entre 11 meses	—	—	140
Reparaciones	875	87,5	Nivel actividad mes	0,25	31,25	118,75
Diversos	900	78	Previsión de cada mes	0,4	50	128
Amortizaciones	1.000	100	Nivel actividad mes	—	—	100
Total	11.090	1.076,5		1,95	243,75	1.320,25
Núm. horas	1.300					
Coste hora	8,5307					

(1). A partir de la previsión inicial.

(2). Equivale a (1) $\times \dfrac{130}{1.300}$ cuando se imputa en función del nivel de actividad o si se imputa por 11 meses es (1) $\times \dfrac{1}{11}$

(3). En función de los criterios que se decidan.

(4). A partir de la previsión de la oficina técnica.

(5). En función de un nivel de actividad efectivo de 125 horas.

(6). Equivale a (2) + (5).

Cuadro 4.15 Presupuesto g.i.f. para enero de la sección de Mezcla.

	g.i.f. fijos anuales	g.i.f. fijos enero	Criterio imputación	Coste variable por hora	g.i.f. variable enero (1)	Total g.i.f. enero
Personal	7.795	779,5	Nivel actividad mes	0,85	110,5	890
M. auxiliares	1.540	140	Entre 11 meses	1	130	270
Alquileres	1.540	140	Entre 11 meses	—	—	140
Reparaciones	900	90	Nivel actividad mes	1	130	220
Diversos	1.500	130	Previsión de cada mes	—	—	130
Amortizaciones	800	80	Nivel actividad mes	—	—	80
Total	14.075	1.359,5		2,85	370,5	1.730
Núm. horas	1.300					
Coste hora	10,8269					

(1). En función de un nivel de actividad efectivo de 130 horas.

Cuadro 4.16 Presupuesto de g.i.f. para enero de la sección de Acabado.

A partir de los cálculos realizados se obtendría que:

— El coste por hora fijo de la sección de Mezcla sería 8,53 ptas. mientras que el coste variable por hora sería 1,95. Así, el coste indirecto de fabricación total por hora es 8,53 + 1,95 o sea 10,48 ptas. (ver cuadro 4.15).

— El coste por hora fijo de la sección de Acabado sería 10,82 mientras que el coste por hora variable sería 2,85. Así, el coste indirecto de fabricación total por hora es 10,82 + 2,85 o sea 13,67 ptas. (ver cuadro 4.16).

A partir de estos cálculos se modificaría el coste g.i.f. unitario (ver cuadro 4.17), el coste standard unitario de fabricación (ver cuadro 4.18) y la cuenta de resultados previsional (ver cuadro 4.19) que se habían obtenido en el apartado anterior.

Producto	Mezcla	Acabado	Total
1	$10,48 \ \dfrac{ptas.}{hora} \ \times \ 0,9 \ h.$ $= 9,432$ ptas.	$13,67 \ \dfrac{ptas.}{hora} \ \times \ 0,6 \ h.$ $= 8,202$ ptas.	17,64 ptas.
2	$10,48 \ \dfrac{ptas.}{hora} \ \times \ 1,3 \ h.$ $= 17,64$ ptas.	$13,67 \ \dfrac{ptas.}{hora} \ \times \ 1,7 \ h.$ $= 23,251$ ptas.	36,88 ptas.

Nota: Los importes se han aproximado para simplificar los cálculos.

Cuadro 4.17 Coste g.i.f. unitario standard (para todo el año)

Concepto	Producto	
	1	2
M.p. G.i.f.	40 17,64	25 36,88
Total	57,64	61,88

Cuadro 4.18 Coste standard unitario de fabricación

Concepto	Total	Producto 1	Producto 2
Ventas	6.600	5.000	1.600
—Coste ventas	5.357	2.882 (2)	2.475 (3)
Margen bruto	1.243	2.118	−875
—G. estructura (1)	1.363		
Bait	−120		

(1). Incluye 360 de Dirección, 960 de Comercial y 43 que corresponden al coste de las 5 horas de subactividad de la Sección 1: 5 horas × 8,5307 (sólo se considera subactividad el coste fijo).

(2). 50 Unidades × 57,64 ptas./ud.

(3). 40 unidades × 61,88 ptas./ud.

Cuadro 4.19 Cuenta de resultados previsional de enero

Hay que tener en cuenta que al utilizar un coste de fabricación standard puede suceder, cuando las previsiones de los gastos indirectos se distribuyen con criterios diferentes entre varios meses y cada concepto de gasto se distribuye con criterios diferentes respecto a los otros, que el valor standard de los g.i.f. imputados al mes no coincida con el importe previsto de los g.i.f. Esto es lo que sucede en este caso. Mientras el importe previsional de los g.i.f. es 3.050,25 (ver pág. 78) resulta que los g.i.f. imputados al mes son 3.088,28:

- Mezcla: 1.320,25 (Ver cuadro 4.15)
- Acabado: 1.730,—   (Ver cuadro 4.16)

Importe g.i.f. previsionales: 3.050,25 ptas.

- Coste standard de la producción prevista:

  — Prod. 1:   58 unidades × 17,64 ptas./ud. = 1.023,12
  — Prod. 2:   56 unidades × 36,88 ptas./ud. = 2.065,28
  — Coste subactividad mezcla   =   43

                                          3.131,4 ptas.

Este importe último, que refleja la imputación de los g.i.f. previstos a los productos acabados, debería coincidir con los g.i.f. previstos. Sin embargo, no coincide porque hay una diferencia:

3.131,4 − 3.050,25 = 81,15, que refleja que se ha imputado en este mes 81,15 de más.

93

4.4 Elaboración del presupuesto con el sistema Direct Costing

El mismo proceso que se ha realizado hasta ahora, en este capítulo, siguiendo el criterio del sistema Full Costing se podría efectuar con el sistema Direct Costing.

Las diferencias de procedimiento entre uno y otro sistema provienen fundamentalmente de las características del sistema Direct Costing que se basa principalmente en la separación de los gastos entre costes variables y fijos.

Con el Direct Costing el proceso de cálculo del presupuesto es bastante sencillo pues los costes fijos no se imputan al producto sino que se contabilizan directamente como gastos del mismo ejercicio en que se producen. Esto supone, por consiguiente, que no es necesario realizar la imputación de los g.i.f. a los productos mediante las denominadas unidades de obra tal como hace el sistema Full Costing.

La principal ventaja de la utilización del sistema Direct Costing previsional es que facilita y contribuye a mejorar notablemente la calidad de la toma de decisiones empresariales que pueden hacer referencia a la política de precios, de introducción o eliminación de productos, de política de promoción y distribución, de subcontratación de procesos a industrias auxiliares, de compra o sustitución de maquinaria, etc.

Si utilizáramos el mismo caso, «Industrial Manufacturera, S.A.», que se ha desarrollado en los apartados anteriores tendríamos una nueva cuenta de resultados previsional (ver cuadro núm. 4.20).

Este análisis podría ser perfeccionado utilizando la técnica del presupuesto flexible expuesta en el apartado anterior.

Tal como se puede ver al observar la cuenta de resultados que aparece en el cuadro 4.20, al utilizar un sistema u otro obtenemos un resultado diferente. Con el direct costing hay un BAIT de $-770'25$ mientras que con el full costing éste era de $-59,6$ (ver el cuadro núm. 4.6 en el apartado 4.1.3 de este capítulo).

Esta diferencia se debe a que en el Full Costing los gastos fijos de fabricación se imputan a los productos fabricados y sólo se reflejarán en la cuenta de resultados cuando se vendan los productos. Esto implica que si se produce más de los que se vende habrá una parte de los gastos que se incorporarán al stock final.

En cambio, en el sistema Direct Costing los gastos fijos se contabilizan directamente como gastos del período y no se imputan al producto. Por tanto, no se incorporan al valor del stock final.

	Prod. 1	Prod. 2	Total
Ventas previstas	5.000	1.600	6.600
Costes variables de fabricación (1)	2.000	1.000	3.000
Contribución marginal	3.000	600	3.600
Costes fijos (2)			4.370,25
Bait			−770,25

(1). Sólo corresponde a la materia prima, sin incluir los g.i.f.
   Prod. 1: 40 ptas/unidad × 50 unidades = 2.000
   Prod. 2: 25 ptas/unidad × 40 unidades = 1.000

(2). No hace falta calcular la subactividad pues todos los g.i.f. se contabilizan directamente como gastos fijos (ver pág. 78).

Cuadro 4.20 Cuenta de resultados previsional con el Direct Costing

En este caso tenemos que en el Direct Costing todos los gastos indirectos (4.370,25) se contabilizan como gastos del período mientras que el Full Costing una parte de los 4.370,25, la que corresponde a los gastos imputados a los productos (recordemos que el Full Costing normalmente sólo imputa los gastos de fabricación) no se contabilizan como coste del período hasta que se venden.

Debido a que del producto 1 se han producido 8 unidades para stock (58 − 50) y, como se indica en la pág. 76, del producto 2 han sido 16 (56 − 40), tal como se observa en el cuadro 4.21, estas unidades incorporan una parte de los gastos indirectos del mes sin que afecten a la cuenta de resultados sino que se incorporan al balance a través de la cuenta de existencias de productos acabados.

95

Concepto	Total	Dirección y comercial	Total	Mezcla	Notas	Acabado	Notas
					Fabricación		
Total gastos (I)	4370,25	1320	3050,25	1320,25	(ver pág. 78)	1730	(ver pág. 78)
Horas disponibles				130	(ver cuadro 4.3)	130	(ver cuadro 4.3)
Coste hora				10,1557	(ver cuadro 4.3)	13,3076	(ver cuadro 4.3)
Horas de subactividad				5	(ver cuadro 4.3)	0	
No imputados a los productos (II)	1370,8	1320		50,8	(1)	0	(1)
Horas efectivas				125	(ver cuadro 4.3)	130	(ver cuadro 4.3)
Imputados a los productos (III)	2999,45	0	2999,45	1269,45	(4)	1730	(ver cuadro 4.3)
Imputados al producto 1 (IV)	993,23		993,23	530,13		463,10	
Unidades producto 1	Fabricadas		Fabricadas	58	(ver pág. 76)	58	(ver pág. 76)
	Vendidas		Vendidas	50	(ver pág. 76)	50	(ver pág. 76)
	Stock		Stock	8	(ver pág. 76)	8	(ver pág. 76)
	Tiempo unitario de fabricación		Tiempo unitario de fabricación	0,9	(ver pág. 78)	0,6	(ver pág. 78)
En coste de ventas (V)	856,24		856,24	457,009	(2)	399,2307	(2)
En stock (VI)	136,99		136,99	73,12	(2)	63,87	(2)
Imputados al producto 2 (VII)	2006,22		2006,22	739,34		1266,88	
Unidades producto 2	Fabricadas		Fabricadas	56	(ver pág. 76)	56	(ver pág. 76)
	Vendidas		Vendidas	40	(ver pág. 76)	40	(ver pág. 76)
	Stock		Stock	16	(ver pág. 76)	16	(ver pág. 76)
	Tiempo unitario de fabricación		Tiempo unitario de fabricación	1,3	(ver pág. 78)	1,7	(ver pág. 78)
En coste de ventas (VIII)	1433,02		1433,02	528,1	(2)	904,92	(2)
En stock (IX)	573,20		573,20	211,24	(2)	361,96	(2)
Gastos en stock (X)	710,19		710,19	284,36	(3)	425,83	(3)

(1). Subactividad de la sección de Mezcla (ver cuadro 4.3).

(2). Este importe, ya corresponda al producto 1 o 2, a Mezcla o Acabado, a unidades vendidas (coste de ventas) o en stock, se calcula multiplicando:

$$\begin{array}{c}\text{Coste por hora} \\ \text{y por sección}\end{array} \times \begin{array}{c}\text{Tiempo de fabricación} \\ \text{por producto}\end{array} \times \begin{array}{c}\text{Número de unidades}\end{array}$$

(3). Corresponde a la suma de la fila VI con la IX.

(4). Se calcula a partir de la diferencia entre el coste total de la sección (que según el cuadro 4.3 es de 1.320,25) y el coste de subactividad (que es de 50,8 según la línea II).

Cuadro 4.21 Cálculo de los costes imputados al coste de ventas y al stock final

Observemos que el importe de los gastos indirectos imputados a los stocks aún no vendidos es de 719,19 que coincide con la diferencia entre el resultado obtenido con el Full Costing y el del Direct Costing (hay una diferencia en los decimales debido a los redondeos que se han practicado en los cálculos):

$$- 770,25 - (-59,6) = 710,65 \text{ ptas.}$$

El cuadro 4.22 distingue dentro de los gastos entre:

• Gastos del período (los que no tienen relación con la fabricación: administración y comercial) y gastos de las secciones de fabricación (gastos indirectos de fabricación de las secciones de Mezcla y Acabado).

• Gastos no imputados a los productos (que corresponden a los gastos del período y a los de subactividad) y los gastos imputados (en el cuadro se reflejan por productos y secciones). Estos últimos se separan en el cuadro entre los que corresponden a la parte de fabricación que se ha pasado a stock.

El importe que nos interesa es este último, los gastos indirectos de fabricación imputados a las unidades fabricadas que no se han vendido y aún siguen en stock, pues es el que nos permite ver la cantidad de gastos de este mes que no se han contabilizado como gasto y que explican la diferencia del resultado entre ambos sistemas.

5

El cálculo de las desviaciones presupuestarias (I): El caso de la empresa de servicios y comercial

En los capítulos 3 y 4 se ha presentado el procedimiento para la elaboración del presupuesto. Una vez elaborado es necesario evaluar, al final de cada ejercicio y en función de aquél, cuál ha sido la eficacia de cada responsable en el logro de los objetivos que tenía asignados, cómo se ha comportado cada responsable y si lo ha hecho en la forma adecuada.

A partir de las previsiones elaboradas y de los objetivos asignados por centro de responsabilidad, los distintos componentes de la empresa han ido actuando y tomando diferentes decisiones que han comportado el que hayan logrado al final del ejercicio unos determinados resultados.

Es a partir de la medición de estos resultados reales o históricos que se realiza el proceso de comparación y evaluación respecto a las previsiones iniciales. En el cuadro 5.1 se expone el esquema del proceso de control.

Para poder realizar esta evaluación es conveniente efectuar el cálculo de las desviaciones que se han producido. Si nos centramos en la evaluación de la gestión de los diferentes responsables de la empresa mediante instrumentos e indicadores económico-financieros las desviaciones pueden ser debidas a diferentes causas que pueden estar ligadas tanto a variaciones en las ventas (ya sea por un cambio de los precios o por una variación en las unidades vendidas), en los costes de ventas (ya sea por una variación en los precios o en los consumos de materiales, o en los gastos de fabricación en una empresa industrial) o en los gastos de estructura.

Conceptualmente podemos considerar dos procedimientos para determinar las desviaciones presupuestarias a partir de la cuenta de resultados previsional:

99

PROCESO DE LA CONTABILIDAD GENERAL

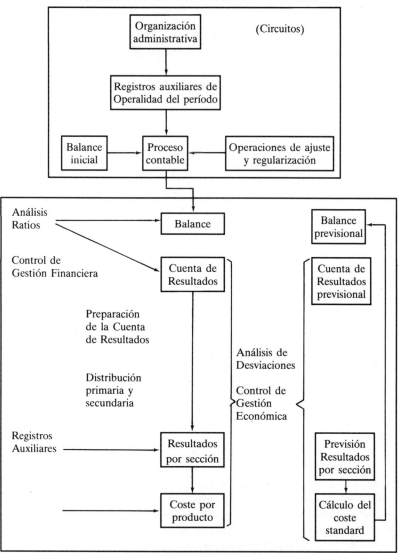

Proceso de control de gestión mediante presupuestos

Sistema de Costes Históricos

Sistema Presupuestario
con Costes Standard

Cuadro 5.1 El proceso de control

— En primer lugar, el sistema más intuitivo y aparentemente más sencillo, aunque es el más complejo en el caso de la empresa industrial, que es aquel en el que se calcula tanto el coste real de cada concepto (de cada partida de gasto por naturaleza, de cada sección, de cada producto, etc.) como la cuenta de resultados real y a partir de aquí calcula las desviaciones entre la información histórica y la información previsional calculada al principio del período.

— En segundo lugar, suponiendo que se tiene el coste standard presupuestado para cada concepto y la cuenta de resultados previsional se pueden determinar para cada concepto las desviaciones producidas respecto a la realidad. En este segundo caso no es necesario calcular cuál es el coste real unitario, lo cual simplifica enormemente el proceso administrativo, sino que se calculan directamente las desviaciones.

En este texto, y para facilitar la comprensión del proceso presupuestario y su utilización en la gestión empresarial expondremos el segundo procedimiento.

Dado que nuestro objetivo es el de controlar la gestión económica y, por consiguiente, estudiar las desviaciones que se produzcan en el BAIT (beneficio antes de intereses e impuestos) el esquema que seguiremos es el siguiente:

$$\begin{array}{ccc} \text{BAIT} & \text{BAIT} & \text{DESVIACION} \\ \text{REAL} = & \text{PREVISIONAL} \pm & \text{TOTAL} \end{array}$$

Siendo la desviación total el resultado de tres componentes:

$$\begin{array}{cccc} \text{DESVIACION} & \text{DESVIACION} & \text{DESVIACION} & \text{DESVIACION} \\ \text{TOTAL} = & \text{EN} \pm & \text{EN} \pm & \text{EN} \\ & \text{VENTAS} & \text{COSTE VENTAS} & \text{G. ESTRUCTURA} \end{array}$$

Y correspondiendo a cada una de ellas:

$$\begin{array}{ccc} \text{DESVIACION} & \text{DESVIACION} & \text{DESVIACION} \\ \text{EN} = \pm & \text{EN} \pm & \text{EN} \\ \text{VENTAS} & \text{VOLUMEN} & \text{PRECIOS VENTA} \end{array}$$

DESVIACION EN COSTE DE VENTAS	=	±	DESVIACION EN COMPOSICION DE VENTAS	±	DESVIACION ECONOMICA	±	DESVIACION EN CONSUMO

DESVIACION EN G. ESTRUCTURA	=	G. ESTRUCTURA PRESUPUESTADO	−	G. ESTRUCTURA REAL

Al objeto de analizar las desviaciones que se producen entre las previsiones y la realidad, seguiremos el proceso que se refleja en el cuadro 5.2.

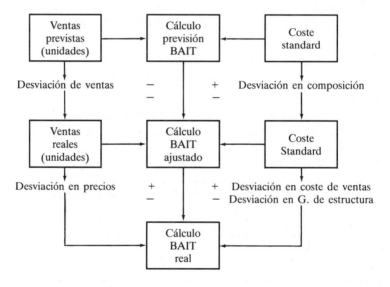

Cuadro 5.2 Proceso de cálculo de las desviaciones

Tal como muestra el cuadro 5.2 podremos distinguir dos tipos de desviaciones:

1. Las que se han producido entre las previsiones iniciales, determinadas en función de la estimación a priori de las unidades a vender, y las previsiones ajustadas a las unidades realmente vendidas.

Esta desviación está constituida por la desviación en el volumen de ventas y la desviación en la composición.

La desviación en el volumen de ventas es la que se produce en el importe de las ventas como consecuencia de vender más o menos unidades de las previstas manteniendo el precio standard inicial:

$$\left(\begin{matrix} \text{Unidades} \\ \text{vendidas} \\ \text{reales} \end{matrix} - \begin{matrix} \text{Unidades} \\ \text{vendidas} \\ \text{previstas} \end{matrix} \right) \times \begin{matrix} \text{Precio de venta} \\ \text{standard} \\ \text{unitario} \end{matrix}$$

La desviación en la composición es la que se produce en el coste de ventas como consecuencia de la variación en las unidades vendidas manteniendo el mismo coste variable unitario.

$$\left(\begin{matrix} \text{Unidades} \\ \text{vendidas} \\ \text{reales} \end{matrix} - \begin{matrix} \text{Unidades} \\ \text{vendidas} \\ \text{previstas} \end{matrix} \right) \times \begin{matrix} \text{Coste variable} \\ \text{standard} \\ \text{unitario} \end{matrix}$$

2. Las que se han producido entre las previsiones ajustadas a las unidades realmente vendidas y los resultados reales.

Estas desviaciones pueden ser: la desviación en el precio de venta y desviaciones en los gastos, tanto en el coste de ventas (materias primas, gastos de fabricación) como en los gastos de estructura.

La desviación en el precio de venta es la que se produce en el importe del volumen de ventas como consecuencia de vender a un precio diferente al que había preestablecido manteniendo las unidades vendidas reales.

$$\left(\begin{matrix} \text{Precio} \\ \text{venta} \\ \text{standard} \end{matrix} - \begin{matrix} \text{Precio} \\ \text{ventas} \\ \text{real} \end{matrix} \right) \times \begin{matrix} \text{Unidades} \\ \text{vendidas} \\ \text{reales} \end{matrix}$$

La desviación en los gastos es la que se produce en el importe de los gastos como consecuencia de asumir un mayor o menor coste de los recursos incorporados a la explotación ya sea por un mayor o menor consumo de unidades o por un mayor o menor coste por unidad.

En el caso más sencillo de cálculo de las desviaciones presupuestarias en una empresa como puede ser una comercial o de servicios el proceso de cálculo se centra, en primer lugar, en la determinación de las desviaciones entre el presupuesto inicial y el presupuesto ajustado y en segundo lugar en la determinación de las desviaciones entre el presupuesto ajustado y los importes reales de los diferentes conceptos.

Para ilustrar cómo se realiza el proceso de cálculo así como para desarrollar los diferentes sistemas que se pueden aplicar en la evaluación económico-financiera nos serviremos del caso de la clínica «El enfermo imaginario», que se ha expuesto en el capítulo 3. Recordemos que disponíamos dc la información previsional que corresponde al mes de enero que se detalla en los cuadros 5.3, 5.4 y 5.5.

	Hospitalización	Cafetería
Unidad	Estancia	Comida
Núm. unidades vendidas	500	400
Precio venta unitario	1.000	400
Coste variable unitario:		
• Comidas por unidad	3 comidas × 100 ptas. = = 300 ptas.	1 × 100 ptas. = = 100 ptas.
• Medicamentos por unidad	1 inyecc. × 150 ptas. = = 150 ptas.	—
• Total	= 450	= 100

Cuadro 5.3 Información previsional de unidades, precios de venta y costes

— Personal	300.000
— T.S. y S.E.	40.000
— Tributos	20.000
— Diversos	40.000
Total	400.000
Amortización	80.000
Total ptas.	480.000

Cuadro 5.4 Gastos indirectos o de estructura presupuestados (ver pág. 62)

	Total	Hospitalización	Cafetería
Ingresos	660.000	500.000	160.000
— Coste Ventas	265.000	225.000	40.000
Margen Bruto	395.000	275.000	120.000
— G. Estructura	480.000		
BAIT ptas.	−85.000		

Cuadro 5.5 Cuenta de resultados previsional (ver cuadro 3.2)

Supongamos que ha transcurrido el mes de enero y que al final del mes se dispone de la información real que reflejan los cuadros 5.6 y 5.7.

	Hospitalización	Cafetería
Unidades vendidas	540	350
Precio venta	980	410
Comidas servidas	1.634	352
Comidas compradas	1.644	356
Precio por comida	95	95
Medicamentos consumidos	548	—
Medicamentos comprados	540	—
Precio por medicamento	160	—

Cuadro 5.6 Información real de unidades, precios de venta, consumos y precios de coste

— Personal	320.000
— T.S. y S.E.	36.000
— Tributos	21.000
— Diversos	33.000
Total	410.000
Amortización	80.000
Total ptas.	490.000

Cuadro 5.7 Gastos de estructura históricos (reales)

105

Para mostrar cómo se puede realizar el cálculo de las desviaciones iremos profundizando progresivamente en diferentes niveles de análisis. Así, introduciremos cuatro niveles diferentes de complejidad creciente:

- Nivel 1: Análisis de la información histórica sin la elaboración de datos previsionales.

- Nivel 2: Análisis de las desviaciones producidas entre la información previsional y la información real (calculadas independientemente una de otra).

- Nivel 3: Análisis comparativo a partir del ajuste de la cuenta de resultados previsional al volumen real de actividad con el desglose entre:

  - Desviación en volumen y composición.
  - Desviación en precios
  - Desviación en costes:
    - de ventas (desviación económica o en precios y desviación técnica o en consumo)
    - de estructura

- Nivel 4: Análisis de las desviaciones en función de las compras en lugar de los consumos.

5.1 Exposición del nivel 1 de análisis: análisis de la información histórica sin compararla con la información previsional

Este primer nivel de análisis se realiza sin disponer de información previsional formalizada. Calculemos, en primer lugar, a partir de la información de que disponemos y suponiendo que no hemos realizado ningún cálculo de previsiones, cuál hubiera sido la cuenta de resultados real (ver cuadro 5.8.)

	Total	Hospitalización	Cafetería
Ingresos — Coste Ventas	672.700 276.227	529.200 (1) 242.763 (4)	143.500 (2) 33.464 (3)
Margen Bruto — G. Estructura	396.473 490.000	286.437	110.036
BAIT ptas.	−93.527		

Cuadro 5.8 Cuenta de resultados real

Para proceder al cálculo de la cuenta de resultados del cuadro 5.8 se han seguido los siguientes criterios:

(1). Los ingresos de hospitalización se han calculado:
$$540 \text{ estancias} \times 980 \text{ ptas./estancia.}$$

(2). Los ingresos de cafetería se han calculado:
$$350 \text{ comidas} \times 410 \text{ ptas./comida.}$$

(3). El coste de las comidas en la cafetería sería:
$$\text{Comidas realizadas} \times \text{Coste por comida.}$$

El precio por comida si hay unas existencias iniciales al precio standard (100 ptas.) de 5 unidades y durante el mes se han comprado por parte de la cafetería 356 comidas (a 95 ptas.) de las que se han consumido 352 (quedaría un stock final de 5 + 356 − 352 = 9 comidas) y se utiliza el método del promedio ponderado:

$$\text{Coste por comida} =$$

$$= \frac{5 \text{ comidas} \times 100 \text{ ptas.} + 356 \text{ comidas} \times 95 \text{ ptas.}}{5 + 356 \text{ comidas}} =$$

$$= \frac{500 + 33.820}{361} = \frac{34.320}{361} = 95,069252$$

El coste total sería: 352 comidas × 95,069 = 33.464 ptas.

(4). El coste de ventas en el servicio de hospitalización se compone del coste de las comidas y del coste de los medicamentos.

El cálculo del coste de las comidas sería parecido al mostrado en (3):

Coste por comida =

$$= \frac{10 \text{ comidas} \times 100 \text{ ptas.} + 1.644 \text{ comidas} \times 95 \text{ ptas.}}{10 + 1.644 \text{ comidas}}$$

$$= \frac{1.000 + 156.180}{1.654} = \frac{157.180}{1.654} = 95,03$$

El coste de comidas sería:

1.634 comidas × 95,03 = 155.279 ptas.

El cálculo del coste de los medicamentos sería:

Coste por inyección =

$$= \frac{20 \text{ inyecc.} \times 150 \text{ ptas.} + 540 \text{ inyecc.} \times 160 \text{ ptas.}}{20 + 540 \text{ inyecc.}}$$

$$= \frac{3.000 + 86.400}{560} = \frac{89.400}{560} = 159,6428 \text{ ptas.}$$

El coste de medicamentos sería:

548 inyecciones × 159,6428 = 87.484 ptas.

Así, el coste total de ventas sería:

155.279 + 87.484 = 242.763 ptas.

A partir de esta información el coste por estancia sería:

$$\frac{242.763}{540} = 449,5611 \text{ ptas.}$$

Una vez elaborada la cuenta de resultados real podemos analizar esta información viendo como:

— El BAIT es negativo y supone:

$$\frac{93.527}{672.700} = 13,9 \text{ \% de los Ingresos}$$

— El margen bruto de cada servicio es para hospitalización:

$$\frac{286.437}{529.200} = 54,12 \text{ \%}$$

y para cafetería:

$$\frac{110.036}{143.500} = 76,68\ \%$$

— El volumen de ingresos se reparte entre:

el 78,66 % a hospitalización $\left(\dfrac{529.200}{672.700}\right)$ y

el 21,33 % a cafetería $\left(\dfrac{143.500}{672.700}\right)$

Este análisis histórico podría ser complementado comparándolo con información de otros períodos, que es el sistema que tradicionalmente se realiza con el análisis de los ratios, o, también, con información de otras empresas del sector o bien, tal como ahora expondremos en los próximos apartados, con información presupuestada al principio del ejercicio.

5.2 Exposición del nivel 2 de análisis: comparación entre el resultado real y el presupuestado

El nivel de análisis anterior puede ser mejorado sensiblemente si disponemos de información previsional. Si intentamos comparar la cuenta de resultados real con la previsional que habíamos calculado previamente y calculamos la diferencia (o desviación) entre la información previsional y la real para cada concepto como el porcentaje de desviación sobre la previsión inicial tendremos el cuadro 5.9.

Concepto	Previsional	Real	Desviación (1)	
			Ptas.	% (2)
Ingresos	660.000	672.700	+ 12.700	+ 1,92 %
(−) Costes variables	265.000	276.227	− 11.227	− 4,24 %
Margen	395.000	396.473	+ 1.473	+ 0,37 %
(−) G. estructura	480.000	490.000	− 10.000	− 2,08 %
BAIT	− 85.000	− 93.527	− 8.527	− 10 %

(1). El signo positivo refleja una desviación favorable mientras que un signo negativo refleja una desviación desfavorable.
(2). El porcentaje se calcula dividiendo la desviación en ptas. por la previsión.

Cuadro 5.9 Cálculo de las desviaciones de la cuenta de resultados

Al analizar las desviaciones que muestra el cuadro 5.9 podemos ver cómo el aumento de los ingresos, superior al de los costes variables ha sido absorbido por el fuerte aumento experimentado por la estructura. De esta manera el BAIT real se ha reducido en un 10 % sobre el previsto.

Este análisis puede ser realizado también para cada uno de los servicios (ver cuadro 5.10 para el servicio de hospitalización y el cuadro 5.11 para cafetería).

En el cuadro 5.10 podemos ver cómo se ha conseguido un margen superior al previsto, a pesar de que el precio se ha reducido, porque el aumento del número de unidades vendidas ha compensado dicha reducción.

En el cuadro 5.11 podemos ver cómo el margen se ha reducido en un porcentaje notable debido a la reducción importante de las unidades vendidas que ha sido compensada parcialmente por un ligero aumento de los precios y una reducción del coste unitario.

Tal como se puede observar, este nivel de análisis es sencillo pero permite profundizar más que el nivel anterior. La forma de cálculo es simple, sólo hace falta restar directamente la información previsional de la real para tener las desviaciones del período.

	Real	Previsional	Desviación	
			Ptas.	%
Unidades (1)	540	500	+ 40	+ 8 %
Precio (2)	980	1.000	− 20	− 2 %
Ingresos (3) = (1) × (2)	529.200	500.000	+ 29.200	+ 5,84 %
Coste unitario (4)	449,5611	450	+ 0,4389	+ 0,1 %
Coste ventas (5) = (1) × (4)	242.763	225.000	− 17.763	− 7,89 %
Margen (6) = (3) − (5)	286.437	275.000	+ 11.437	+ 4.16 %

Cuadro 5.10 Cálculo de las desviaciones de hospitalización

110

	Real	Previsional	Desviación Ptas.	Desviación %
Unidades(1)	350	400	− 50	− 12,5 %
Precio (2)	410	400	+ 10	+ 2,5 %
Ingresos (3) = (1) × (2)	143.500	160.000	− 16.500	− 10,31 %
Coste unitario (4)	95,069	100	+ 4,931	+ 4,93 %
Coste ventas (5) = (1) × (4)	33.464	40.000	+ 6.536	+ 16,34 %
Margen (6) = (3) − (5)	110.036	120.000	− 9.964	− 8,3 %

(4) El coste unitario se ha calculado dividiendo el coste de ventas por el número de unidades que ha sido 352 comidas consumidas aunque sólo 2 servidas.

Cuadro 5.11 Cálculo de las desviaciones de cafetería

5.3 Exposición del nivel 3 de análisis: ajuste de la cuenta de resultados previsional al volumen real de actividad

En el nivel anterior se realizaba una comparación entre la información real y la información previsional que se había elaborado a principios de año sin efectuar ningún ajuste. Sin embargo, esta información previsional no es muy válida para realizar comparaciones porque debe ajustarse a la actividad real para que pueda verse claramente la parte de la desviación que corresponde a factores internos (consumos, eficacia, productividad) de la que se debe a factores externos (aumento de precios).

Se podría dar el caso de que si no se hace el ajuste del presupuesto en función de la actividad real en una empresa en expansión podría suceder que un comportamiento poco adecuado que supusiera unos gastos más que proporcionales se reflejara como un comportamiento excelente porque el margen aportado por las ventas compensa el aumento de los gastos.

Si se reelabora la cuenta de resultados previsional que se ha calculado inicialmente mediante la modificación del número de unidades previstas por el número de unidades realmente obtenidas tendremos la cuenta de resultados previsional ajustada. La realización del ajuste en el presupuesto corresponde a la necesidad de disponer de una mejor

111

base de comparación entre el presupuesto y la realidad. Si realizamos el ajuste en el caso que estamos considerando tendríamos que la nueva cuenta de resultados sería la que refleja el cuadro 5.12.

Concepto	Total	Hospitalizacion	Cafetería
Unidades reales (1)	—	540	350
Precio standard (2)	—	1.000	400
Ingresos (3) = (1) × (2)	680.000	540.000	140.000
Coste unitario standard (4)	—	450	100
Coste ventas (5) = (1) × (4)	278.000	243.000	35.000
Margen (6) = (3) − (5)	402.000	297.000	105.000
G. estructura (7)	480.000		
BAIT (8) = (6) − (7)	− 78.000		

Cuadro 5.12 Cuenta de resultados previsional ajustada al volumen real

A partir de esta información podemos elaborar el cuadro de desviaciones entre la cuenta de resultados previsional ajustada y la cuenta de resultados previsional real (ver cuadro 5.13).

Concepto	Previsión ajustada	Real	Desviación	
			Ptas.	%
Ingresos	680.000	672.700	− 7.300	− 1,07 %
(−) Coste ventas	278.000	276.227	1.773	0,63 %
Margen bruto	402.000	396.473	− 5.527	− 1,37 %
(−) G. estructura	480.000	490.000	− 10.000	− 2,08 %
BAIT	− 78.000	− 93.527	− 15.527	− 19,9 %

Cuadro 5.13 Cuenta de resultados real y cálculo de las desviaciones

Analizando la información contenida en el cuadro 5.13 se puede ver como:

• La desviación en el BAIT es negativa del 19,9 %.

• La desviación en los gastos de estructura es negativa de 2,08 %.

112

- La desviación en los ingresos (que no es más que la desviación en precios de venta) es negativa de 1,07 %.

- La desviación en el coste de ventas es favorable al ser un 0,63 % inferior a lo previsto. Tal como veremos ahora la desviación en el coste de ventas comprende a la desviación en el coste de las comidas y en el coste de los medicamentos que se pueden producir por una modificación en los precios de compra (desviación económica) o en el consumo realizado (desviación técnica).

Observemos que el BAIT previsto inicialmente (ver el nivel 2) y el que se ha obtenido por el ajuste del presupuesto inicial al volumen de actividad real no coincide por:

$$7.000 \text{ ptas.} = [(-78.000) - (-85.000)]$$

Esta diferencia corresponde a la desviación conjunta de la desviación en volumen de ventas y de la desviación en composición de ventas. Pasemos a desarrollar ambos conceptos:

a) Desviación en volumen de ventas

La desviación en volumen de ventas equivale a:

$$\left(\begin{array}{c} \text{Ventas reales a} \\ \text{precio standard} \end{array} \right) - \left(\begin{array}{c} \text{ventas previstas a} \\ \text{precio standard} \end{array} \right) =$$

$$= \underbrace{680.000}_{\text{Presup. ajustado}} - \underbrace{660.000}_{\text{Presup. inicial}} = 20.000 \text{ ptas.}$$

Correspondiendo:

— a hospitalización : $540.000 - 500.000 = + 40.000$ ptas.
— a cafetería : $140.000 - 160.000 = - 20.000$ ptas.

b) Desviación en composición de ventas

La desviación en composición de ventas sería:

$$\left(\begin{array}{c} \text{Costes variables} \\ \text{standard de las} \\ \text{unidades previstas} \end{array} \right) - \left(\begin{array}{c} \text{Costes variables} \\ \text{standard de las} \\ \text{unidades reales} \end{array} \right) =$$

$$= \underbrace{265.000}_{\text{Presup. inicial}} - \underbrace{278.000}_{\text{Presup. ajustado}} = - 13.000 \text{ ptas.}$$

113

Correspondiendo:

— a hospitalización : 225.000 − 243.000 = − 18.000 ptas.
— a cafetería   :   40.000 − 35.000 = +   5.000 ptas.

Así, la desviación conjunta en volumen y composición es:

$$20.000 + (-13.000) = 7.000 \text{ ptas.}$$

Correspondiendo:

— a hospitalización   : 40.000 + (−18.000) =   22.000 ptas.
— a cafetería   : (−20.000) + 5.000 = − 15.000 ptas.

Pasemos a desarrollar más ampliamente la desviación en precios de venta y la desviación en coste de ventas.

c) *Desviación en precios de venta*

La desviación en precios de venta equivale a:

(Ventas reales) − (ventas standard ajustadas a las unid. reales)

$$= 672.700 − 680.000 = − 7.300 \text{ ptas.}$$

Correspondiendo a hospitalización:

$$529.200 − 540.000 = − 10.800 \text{ ptas.}$$

y a cafetería: $143.500 − 140.000 = + \quad 3.500 \text{ ptas.}$

d) *Desviación en el coste de ventas*

La desviación en el coste de ventas se puede descomponer en desviación económica y desviación técnica (o en consumo):

d.1) *Desviación económica*

En cuanto a la desviación económica ésta se calcula de la siguiente manera:

(Precio standard − Precio real)× Unidades reales consumidas

Así, para cada artículo que se compra (comidas o medicamentos) se tiene:

— Medicamentos:
$$(150 − 159{,}6428) \times 548 = − 5.284 \text{ ptas.}$$

114

— Comidas:

• en hospitalización

$(100 - 95,03) \times 1.634 = 8.121$ ptas.

• en cafetería

$(100 - 95,069252) \times 352 = 1.736$ ptas.

Así la desviación económica total en comida será:
$$8.121 + 1.736 = 9.857 \text{ ptas.}$$

Y, la desviación económica total será:

$(-5.284) + 9.857 = + 4.573$, correspondiendo 1.736 a cafetería y el resto $(-5.284) + 8.126 = 2.837$ a hospitalización.

d.2) Desviación técnica o en consumo

En cuanto a la desviación técnica o en consumo, ésta se calcula por la fórmula:

$$\left(\begin{array}{c} \text{Consumo standard de} \\ \text{las unidades reales a} \\ \text{precio standard} \end{array} \right) - \left(\begin{array}{c} \text{Consumo real a} \\ \text{precio standard} \end{array} \right)$$

Así, para cada artículo que se consume (comidas o medicamentos) se tiene:

• Para medicamentos estaba previsto un consumo por cada estancia diaria de una inyección:

(1 inyección $\times$ 540 estancias $\times$ 150 ptas./inyección) − − (548 inyecciones consumidas $\times$ 150 ptas./inyección) $= 81.000 - 82.200 = - 1.200$ ptas.

Esta desviación se ha producido porque en lugar de consumir una inyección de promedio se han consumido:

$$\frac{548}{540} = 1,0148 \text{ inyecciones}$$

• Para comidas estaba previsto un consumo de una comida por cada servicio vendido en la cafetería y tres comidas por cada estancia diaria en la clínica.

115

— En el caso de hospitalización:

$$(3 \text{ comidas} \times 540 \text{ estancias} \times 100 \text{ ptas./comida}) -$$
$$- (1.634 \text{ comidas servidas} \times 100 \text{ ptas./comida}) =$$
$$= 162.000 - 163.400 = -1.400 \text{ ptas.}$$

Esta desviación se ha producido porque ha habido un consumo superior por estancia:

$$\frac{1.634}{540} = 3,0259 \text{ comidas}$$

— En el caso de cafetería:

$$(1 \text{ comida} \times 350 \text{ servicios} \times 100 \text{ ptas./comida}) -$$
$$- (352 \text{ comidas servidas} \times 100 \text{ ptas./comida}) =$$
$$= 35.000 - 35.200 = -200 \text{ ptas.}$$

Así tendríamos que,

en cafetería, la desviación en consumo será — 200 ptas.

en hospitalización la desviación en consumo será

— en medicamentos: — 1.200

— en comidas   : — 1.400
                   — 2.600 ptas.

La desviación en consumo total será:

$$(-200) + (-2.600) = -2.800 \text{ ptas.}$$

El detalle de la desviación en el coste de ventas será el que refleja el cuadro 5.14.

	Hospitalización	Cafetería	Total
Desviación económica			
• En medicamentos	− 5.284	−	− 5.284
• En comidas	8.121	1.736	9.857
Total	2.837	1.736	4.573
Desviación en consumo			
• En medicamentos	− 1.200	−	− 1.200
• En comidas	− 1.400	− 200	− 1.600
Total	− 2.600	− 200	− 2.800
Desviación en coste de ventas	237	1.536	1.773
Desviación en composición	− 18.000	5.000	− 13.000
Total desviación en coste de ventas (incluye la desviación en composición)	− 17.763	6.536	− 11.227

Cuadro 5.14 Detalle de la desviación en el coste de ventas

El cálculo de las desviaciones en el coste de ventas y de su descomposición en desviaciones económica y técnica puede ser realizado gráficamente. Teniendo presente que los costes son el resultado del producto de la cantidad (número de unidades) por el precio (unitario), se puede presentar el cálculo en un plano de coordenadas que tenga las cantidades en las abcisas y los precios en las ordenadas. Para cada par de puntos (para cada producto) se puede representar un área rectangular que reflejará el coste unitario:

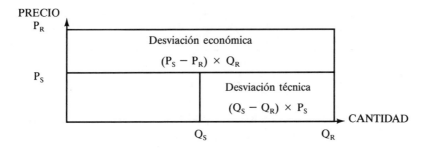

Donde:

P_S: Precio standard unitario

P_R: Precio real unitario

Q_S: Consumo standard unitario

Q_R: Consumo real unitario

A partir de los cálculos realizados se puede obtener la cuenta de resultados real con las desviaciones producidas (ver el cuadro 5.15).

Concepto	Total	Hospitalización	Cafetería
Ventas previstas	660.000	500.000	160.000
± Desviación en volumen	20.000	40.000	− 20.000
± Desviación en precios venta	− 7.300	− 10.800	3.500
Ventas reales	672.700	529.200	143.500
− Coste standard ventas standard	− 265.000	− 225.000	− 40.000
± Desviación en composición	− 13.000	− 18.000	5.000
± Desviación en económica	+ 4.573	2.837	1.736
± Desviación en consumo	− 2.800	− 2.600	− 200
Margen bruto	396.473	286.437	110.036
− Gastos estructura presupuestados	− 480.000		
± Desviación	− 10.000		
BAIT real	− 93.527		

Cuadro 5.15 Cuenta de resultados real con las desviaciones presupuestarias

La presentación del cuadro 5.15 podría presentarse de forma simplificada resumiendo la información que contiene (ver cuadro 5.16).

Concepto	Total	Hospitalización	Cafetería
Ventas previstas	660.000	500.000	160.000
± Desviación en ventas	12.700	29.200	− 16.500
Ventas reales	672.700	529.200	143.500
− Coste standard ventas standard	− 265.000	− 225.000	− 40.000
± Desviación en coste de venta (1)	− 11.227	− 17.763	6.536
Margen bruto	396.473	286.437	110.036
− Gastos estructura presupuestados	− 480.000		
± Desviación	− 10.000		
BAIT real	− 93.527		

(1). Comprende la desviación económica y técnica, que son propiamente las desviaciones en coste de ventas, así como la desviación en composición.

Cuadro 5.16 Cuenta de resultados real con las desviaciones presupuestarias

Igualmente, esta información podría mejorarse si se realizara un cálculo de los porcentajes de desviación de cada concepto (ver cuadro 5.17).

Puede observarse cómo el cuadro 5.17 coincide con el que se había elaborado en el nivel 2 (cuadro 5.9).

El cuadro 5.18 resume el procedimiento de cálculo de las desviaciones presentadas en este nivel de análisis.

119

Concepto	Total		Hospitalización		Cafetería	
	Ptas.	%	Ptas.	%	Ptas.	%
Ventas previstas	660.000		500.000		160.000	
± Desviación en ventas (1)	12.700	1,92 %	29.200	5,84 %	− 16.500	− 10,3 %
Ventas reales	672.700		529.200		143.500	
− Coste standard ventas standard	− 265.000		− 225.000		− 40.000	
± Desviación en coste ventas (2)	− 11.227	− 4,24 %	− 17.763	− 7,89 %	6.536	16,34 %
Margen bruto	396.473		286.437		110.036	
− Gastos estruc. presupuestados	− 480.000					
± Desviación en gastos estruc.	− 10.000	− 2,08 %				
BAIT real	− 93.527					

(1). En función de las ventas previstas de cada servicio.

(2). En función del coste de ventas previsto de cada servicio. También se podría realizar en función del coste standard de las unidades reales vendidas que equivale al coste standard de las ventas standard más la desviación en composición.

Cuadro 5.17 Cuenta de resultados real con desviaciones en valores absolutos y porcentajes

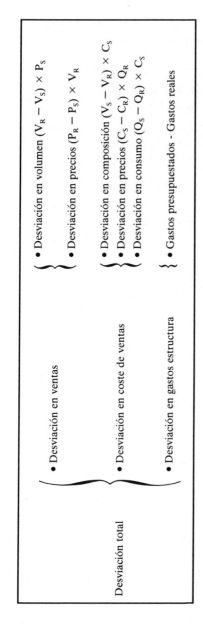

Desviación total

- Desviación en ventas
  - Desviación en volumen $(V_R - V_S) \times P_S$
  - Desviación en precios $(P_R - P_S) \times V_R$
- Desviación en coste de ventas
  - Desviación en composición $(V_S - V_R) \times C_S$
  - Desviación en precios $(C_S - C_R) \times Q_R$
  - Desviación en consumo $(Q_S - Q_R) \times C_S$
- Desviación en gastos estructura
  - Gastos presupuestados - Gastos reales

Donde:

V_S: Unidades vendidas previstas

V_R: Unidades vendidas reales

P_S: Precio de venta previsional

P_R: Precio de venta real

C_S: Coste variable previsional por unidad de producto

C_R: Coste variable real por unidad de producto

Q_S: Consumo standard unitario multiplicado por las unidades reales vendidas

Q_R: Consumo total real (en unidades)

Cuadro 5.18 Resumen del cálculo de las desviaciones

121

5.4 Exposición del nivel 4 de análisis: cálculo de la desviación económica en función de las compras en lugar de los consumos

En el nivel anterior se ha calculado la desviación económica que se ha producido en función del consumo que se ha tenido.

Sin embargo, puede ser de mucha más utilidad conocer cuál ha sido la desviación económica en función de las compras realizadas porque así se puede evaluar la gestión del responsable de compras.

Antes teníamos que:

Desviación económica (D.E.) = (Precio standard − Precio real) × Unidades reales consumidas

D.E. hospitalización (comidas) = 8.121 ptas.
D.E. hospitalización (medicamentos) = − 5.284 ptas.
D.E. cafetería (comidas) = 1.736 ptas.

Si se quiere calcular las desviaciones en función de las compras en lugar de los consumos, ahora tendríamos:

Desviación económica = (Precio standard − Precio real compra) × Unidades reales compradas

Dado que las unidades compradas han sido 1.644 menús para hospitalización, 540 inyecciones para la propia hospitalización y 356 menús para la cafetería tendríamos:

D.E. hospitalización (comidas):
= (100 − 95) × 1.644 = 8.220 ptas.

D.E. hospitalización (medicamentos):
= (150 − 160) × 540 = − 5.400 ptas.

D.E. cafetería (comidas):
= (100 − 95) × 356 = 1.780 ptas.

Así, la desviación en hospitalización será:

8.220 − 5.400 = 2.820 ptas.,

y en cafetería será: 1.780 ptas.

Y la desviación total será: 2.820 + 1.780 = 4.600 ptas.

Esto modifica la cuenta de resultados real (ver cuadro 5.19).

Concepto	Total	Hospitalización	Cafetería
Ventas previstas	660.000	500.000	160.000
± Desviación en volumen	20.000	40.000	− 20.000
± Desviación en precios venta	− 7.300	− 10.800	3.500
Ventas reales	672.700	529.200	143.500
− Coste standard ventas standard	− 265.000	− 225.000	− 40.000
± Desviación en composición	− 13.000	− 18.000	5.000
± Desviación económica	+ 4.600	+ 2.820	+ 1.780
± Desviación en consumo	− 2.800	− 2.600	− 200
Margen bruto	396.500	286.420	110.080
− Gastos estructura presupuestados	− 480.000		
± Desviación	− 10.000		
BAIT real	− 93.500		

Cuadro 5.19 Cuenta de resultados real con el cálculo de las desviaciones

Esta cuenta de resultados podría resumirse e incorporar los porcentajes de las desviaciones que se estimen convenientes tal como se ha efectuado en el nivel 3.

En el cuadro 5.19, al igual que en el cuadro 5.20, se puede observar cómo el resultado final real, el BAIT real, no coincide con el que se tenía en los tres niveles anteriores debido a que al coste de ventas se le imputa la desviación en las compras realizadas en función del precio real de compra, mientras que en el nivel 3 al coste de ventas se le había imputado la desviación en los consumos realizados en función del precio real promedio ponderado (de la existencia inicial y de las compras).

Concepto	Nivel 1 (1)	Nivel 2	Nivel 3	Nivel 4
Ventas previstas	—	660.000	660.000	660.000
± Desviación en volumen	—	12.700 (2)	20.000	20.000
± Desviación en precios venta	—		− 7.300	− 7.300
Ventas reales	672.700	672.700	672.700	672.700
− Coste standard ventas standard	− 276.227	− 265.000	− 265.000	− 265.000
± Desviación en composición	—	− 11.227 (2)	− 13.000	− 13.000
± Desviación económica	—	—	+ 4.573	+ 4.600
± Desviación en consumo	—	—	− 2.800	− 2.800
Margen bruto	396.473	396.473	396.473	396.500
− Gastos estruc. presupuestados	− 490.000	− 480.000	− 480.000	− 480.000
± Desviación		− 10.000	− 10.000	− 10.000
BAIT real	− 93.527	− 93.527	− 93.527	− 93.500

(1). No calcula desviaciones.

(2). Las desviaciones se calculan conjuntamente sin descomponerse.

Cuadro 5.20 Cuenta de resultados real con el cálculo de las desviaciones según los diferentes niveles estudiados

A partir de lo expuesto en este cuarto nivel y en el anterior se plantean tres posibilidades para decidir cuál es la desviación económica:

• Calcularla en función del consumo (tal como se ha expuesto en el nivel 3).

124

- Calcularla en función de las compras (tal como se ha expuesto en este nivel, el nivel 4).

- Calcularla en función de las compras pero imputar al ejercicio sólo la correspondiente a los consumos realizados es decir, en función de la rotación de las compras quedando el resto en una cuenta de balance que se irá imputando en cada ejercicio según el índice de rotación.

La ventaja del primero de los tres radicaría en que intuitivamente es más simple al coincidir el resultado real. Las ventajas de la segunda y tercera alternativa radicarían en que se puede controlar mejor la gestión de compras y se puede tener un control del inventario mediante costes standard lo cual permite simplificar mucho el proceso de valoración de los inventarios.

6

El cálculo de las desviaciones presupuestarias (II): El caso de la empresa industrial

En el capítulo anterior se ha desarrollado el cálculo de las desviaciones presupuestarias en una empresa de servicios y comercial. En este capítulo se profundizará la problemática específica de la empresa industrial.

En una empresa industrial el proceso de cálculo de las desviaciones en ventas, materias primas y en gastos de estructura es similar al visto en la empresa comercial y se diferencia de ésta por la consideración específica de los gastos indirectos de fabricación (g.i.f.).

Dado que el proceso presupuestario de la empresa industrial se diferencia básicamente del de la empresa comercial en el cálculo de la desviación de los g.i.f., en este capítulo nos centraremos en los métodos existentes sobre este aspecto específico. Los demás cálculos (desviaciones en ventas, en materias primas y en gastos de estructura) se realizarán siguiendo las orientaciones que se han expuesto en el capítulo anterior.

Para exponer el cálculo de las desviaciones en una empresa industrial supondremos varios niveles diferentes de complejidad que permitan exponer de forma progresiva cómo se puede realizar dicho cálculo.

Así, distinguiremos tres niveles distintos de profundización:

Nivel A: Cálculo de la desviación de los g.i.f. en función de la desviación en el presupuesto inicial y del cálculo del coste de subactividad.

Nivel B: Cálculo de la desviación en g.i.f. ajustando los g.i.f. al nivel de actividad real considerándolos como si fueran gastos variables y realizando la descomposición de la desviación total en desviación en presupuesto y en actividad pero sin considerar el presupuesto flexible.

127

Tanto en el nivel A como en el B partiremos del coste de fabricación standard calculado en función de los g.i.f. anuales tal como se ha explicado en el apartado 4.2.

Nivel C: Cálculo de la desviación en g.i.f. considerando los g.i.f. como semivariables mediante la utilización del presupuesto flexible.

En este nivel partiremos del coste anual calculado en función del presupuesto flexible tal como se ha desarrollado en el apartado 4.3.

En los tres casos se supondrá que:

— el presupuesto se ajusta al número real de unidades vendidas (tal como se había visto en los niveles 3 y 4 del capítulo 5), y que

— la desviación económica de las materias primas se calcula en función de las compras (y no de los consumos). Esto corresponde al nivel 4 estudiando en el capítulo anterior. No obstante, también se efectuará el cálculo en función de los consumos para observar la diferencia.

En este capítulo se aplicará el nivel 4 de análisis de desviaciones, desarrollado en el capítulo anterior, para la empresa «Industrial Manufacturera, S. A.».

6.1 Información previsional y real de partida de la empresa «Industrial Manufacturera, S. A.»

Para ilustrar cómo se realiza el proceso de cálculo de las desviaciones en una empresa industrial nos serviremos del caso de la empresa que se había presentado en el capítulo 4, «Industrial Manufacturera, S. A.»

Para iniciar el proceso se dispone de la siguiente información previsional (ver apartado 4.2.2):

a) Datos previsionales del mes de enero referentes a los productos 1 y 2 (ver cuadro 6.1).
b) Gastos previsionales del mes de enero (ver cuadro 6.2).

	Producto 1	Producto 2
Unidades a vender	50	40
Precio venta	100	40
Coste M.P. unitario standard		
• MP «M» por unidad de producto acabado	1 kg × 15 ptas./kg = = 15 ptas.	—
• MP «N» por unidad de producto acabado	1 kg × 25 ptas./kg = = 25 ptas.	1 kg × 25 ptas./kg = = 25 ptas.
Total	40 ptas.	25 ptas.
Unidades a fabricar	58	56
Tiempo unitario de fabricación por producto y sección		
• en Mezcla	0,9 horas	1,3 horas
• en Acabado	0,6 horas	1,7 horas

Cuadro 6.1 Información previsional del mes de enero sobre unidades, precios, costes y tiempos

Concepto	Total	Mezcla	Acabado	Dirección	Comercial
Personal	2.496	706	890	300	600
M. auxiliares	397,5	127,5	270	—	—
Alquileres	600	140	140	—	320
Reparaciones	398,75	118,75	220	60	—
Diversos	298	128	130	—	40
Amortización	180	100	80		
Total	4.370,25	1.320,25	1.730	360	960
Horas disponibles		130	130		
Horas efectivas		125	130		
Horas no efectivas		5	—		

Cuadro 6.2 Gastos previstos del mes

Supongamos, además, que al final del mes de enero se dispone de la información real que reflejan los cuadros 6.3 y 6.4.

	Producto 1	Producto 2	Total
Unidades vendidas	54	35	
Precio venta unitario	98	41	
Coste M.P. (1)			
• MP «M» consumida	63 kg	—	61 kg
• Compras «M»	40 kg	—	40 kg
• Precio por kg «M»	14 ptas./kg	—	560 ptas.
• M.P. «N» consumida	61 kg	37 kg	98 kg
• Compras «N»	—	—	110 kg
• Precio por kg «N»	26 ptas./kg	26 ptas./kg	2.860 ptas.
Unidades fabricadas	60	40	

(1). El stock inicial de «M» es de 100 kg a 15 ptas./kg y el de «N» es de 10 kg a 25 ptas./kg.

(2). El stock inicial de 1 era 10 unidades y el de 2 era de 2 unidades (valorados a precio standard: 57,64 ptas. el producto 1 y 61,87 el producto 2).

Cuadro 6.3 Información real sobre unidades, precios, costes y tiempos

Concepto	Total	Mezcla	Acabado	Dirección	Comercial
Personal	2.615	700	905	360	650
M. auxiliares	440	160	280	—	—
Alquileres	610	150	140	—	320
Reparaciones	410	140	205	65	—
Diversos	350	150	145	10	45
Amortizaciones	180	100	80	—	—
Total	4.605	1.400	1.755	435	1.015
Horas disponibles		132	132		
Horas no efectivas (1)		4	7		
Horas efectivas		128	125		
Producto 1		63	60		
Producto 2		65	65		
Horas productivas (2)		106	104		

(1). Las horas no efectivas son las que estaban disponibles pero no se han dedicado directamente a fabricación.

(2). Las horas productivas equivalen a las horas que deberían haberse necesitado para fabricar la producción real según el tiempo unitario previsto. En el caso de Mezcla sería:

Para el Producto 1: (60 unidades × 0,9 horas/unidad) = 54 horas.
Para el Producto 2: (40 unidades × 1,3 horas/unidad) = 52 horas.
Así, el total es 54 + 52 = 106 horas.

Para Acabado sería: (60 × 0,6) + (40 × 1,7) = 36 + 68 = 104 horas.

Cuadro 6.4 Gastos reales del mes de enero

A partir de la información previsional y de la información histórica de que se dispone se expondrá el cálculo de las desviaciones de los g.i.f. en una empresa industrial en los tres niveles indicados.

6.2 Exposición del nivel A: cálculo de las desviaciones en función de la desviación en presupuesto y del coste de subactividad

En este primer nivel, se calcularán las desviaciones presupuestarias tal como se ha descrito en el capítulo 5, sin ajustar los g.i.f. previstos al

131

nivel de actividad real y sin considerar aún el presupuesto flexible. Esta limitación se compensa, sin embargo, con el cálculo del coste de la subactividad.

El método que se utiliza en este primer nivel es bastante sencillo. Las desviaciones en g.i.f. se calculan directamente por la diferencia entre el importe de g.i.f. previsto (presupuesto) y el importe de g.i.f. real. Si el resultado es positivo, la desviación es favorable y viceversa. Paralelamente, se calcula el coste de subactividad en función del tiempo que debería haberse dedicado, según los standards iniciales, para la fabricación de las unidades reales producidas.

Recordemos que en el apartado 4.2 se habían obtenido los siguientes costes unitarios (cuadro 6.5) y cuenta de resultados previsional (cuadro 6.6).

6.2.1 Cálculo de las desviaciones en los g.i.f.

A partir de la información previsional y real se puede observar cómo los g.i.f. de las secciones de Mezcla y Acabado han tenido una desviación desfavorable sobre las previsiones. En los cuadros 6.7 y 6.8 se refleja el cálculo de las desviaciones (entre paréntesis las desviaciones producidas cuando los gastos reales superan a los presupuestados).

En la sección de Mezcla se puede ver cómo se han producido desviaciones desfavorables importantes en materias auxiliares, reparaciones y gastos diversos. En la sección de Acabado las desviaciones son menos significativas aunque destaca la que se produce en Reparaciones.

Esta información puede ser analizada más a fondo porque:

• hay diferencias de horas disponibles y efectivas y

• hay diferencias en productividad.

	Mezcla	Acabado	Total
Coste g.i.f. por hora (1)	10,43	13,64	
Coste g.i.f. unitario standard anual			
• Producto 1	9,39	8,19	17,58
• Producto 2	13,56	23,2	36,76
Coste standard unitario total (2)			
• Producto 1			57,58
• Producto 2			61,76

(1). El coste g.i.f. por hora se ha calculado en función de la previsión de g.i.f. para todo el año y de las horas anuales disponibles (ver apartado 4.2.2).

(2). Incluye la materia prima (40 para el producto 1 y 25 para el producto 2) y los g.i.f.

Cuadro 6.5 Costes unitarios

	Total	Producto 1	Producto 2
Ventas	6.600	5.000	1.600
Coste ventas	− 5.349	2.879	2.470
Margen bruto	1.251	2.121	− 870
Coste subactividad	− 52		
G. estructura	− 1.320		
BAIT	− 121		
Ajuste g.i.f. (1)	+ 80		
BAIT	− 41		

(1). Corresponde al ajustado realizado por la diferencia entre los g.i.f. imputados al producto en base a una tarifa anual y los g.i.f. del mes.

Cuadro 6.6 Cuenta de resultados previsional (ver el cuadro 4.11)

Sección de Mezcla		Año 1---		Mes: enero
Concepto	Previsto (1)	Real (2)	Desviación (3) = (1) − (2)	% (4) = (3)/(1)
Personal	706	700	6	0,85 %
M. auxiliares	127,5	160	(32,5)	(25,5 %)
Alquileres	140	150	(10)	(7,14 %)
Reparaciones	118,75	140	(21,25)	(17,89 %)
Diversos	128	150	(22)	(17,19 %)
Amortización	100	100	—	—
Total	1.320,25	1.400	(79,75)	(6,04 %)

Nota: Las desviaciones entre paréntesis son negativas.

Cuadro 6.7 Desviaciones en los g.i.f. de la sección de Mezcla

Sección de Acabado		Año 1---		Mes: enero
Concepto	Previsto	Real	Desviación	%
Personal	890	905	(15)	(1,69 %)
M. auxiliares	270	280	(10)	(3,7 %)
Alquileres	140	140	—	—
Reparaciones	220	205	15	6,82 %
Diversos	130	145	(15)	(11,54 %)
Amortización	80	80	—	—
Total	1.730	1.755	(25)	(1,45 %)

Cuadro 6.8 Desviaciones en los g.i.f. de la sección de Acabado

Así, por ejemplo, para la sección de Mezcla se puede elaborar el cuadro 6.9 que permite analizar más profundamente el comportamiento de la sección.

En el cuadro 6.9 se puede observar cómo se ha producido una desviación importante en la productividad de las horas efectivas pues en éstas se ha perdido una eficiencia del 17,19 %.

El mismo análisis también podría realizarse para la sección de Acabado.

134

	Previsto	Real	Desviación en importe	Desviación en %
Gastos mes enero	1.320,25	1.400	(79,75)	(6,04 %)
Horas disponibles	130	132	2	1,54 %
Horas efectivas	125	128	3	2,4 %
Horas productivas	125	106	(19)	(15,2 %)
Horas efectivas / Horas disponibles	96,15 %	96,97 %	0,82 %	0,85 %
Horas productivas / Horas efectivas	100 %	82,81 %	(17,19 %)	(17,19 %)

Cuadro 6.9 Desviaciones en horas de la sección de Mezcla

Si se hicieran los cálculos para la sección de Acabado se podría observar cómo ha habido una pérdida de eficiencia del 16,8 % (100 % − 83,2 %) pues:

104 horas productivas / 125 horas efectivas = 83,2 %

6.2.2 Elaboración de la cuenta de resultados del nivel A

A partir de los datos de que se dispone y aplicando los criterios expuestos en el capítulo 5 se pueden llegar a obtener las cuentas de resultados previsional ajustada y real que aparecen en los cuadros 6.10 y 6.11. Para su elaboración se han tenido en cuenta una serie de consideraciones que se detallan posteriormente. Inicialmente se puede elaborar la cuenta de resultados previsional ajustada en función de las unidades reales vendidas, del recálculo del coste de subactividad y del cálculo del coste que ha comportado trabajar con diferencias en consumo de tiempos de fabricación. Esto indicará una desviación en actividad o productividad (ver cuadro 6.10).

135

	Total	Producto 1	Producto 2
Ventas (1)	6.800	5.400	1.400
Coste ventas ajust. (2)	− 5.271	3.110	2.161
Margen bruto	1.529	2.290	− 761
Coste subactividad (3)	− 89		
Desviación en productividad (4)	− 515		
G. estructura	− 1.320		
BAIT	− 395		
Ajuste g.i.f. (5)	+ 80		
BAIT	− 315		

Cuadro 6.10 Cuenta de resultados previsional ajustada

En la elaboración de la cuenta de resultados se han tenido en cuenta los siguientes criterios:

(1). Corresponde a las unidades vendidas reales al precio standard:

Prod. 1: 54 × 100 = 5.400   Prod. 2: 35 × 40 = 1.400

(2). Corresponde al coste de ventas standard de las unidades vendidas reales:

Prod. 1: 54 × 57,58 = 3.110   Prod. 2: 35 × 61,76 = 2.161

(3). Corresponde al coste de subactividad en función de las horas efectivas reales y de las horas disponibles previstas inicialmente:

Mezcla: (128 − 130) horas × 10,43 ptas./hora =   21
Acabado: (125 − 130) horas × 13,64 ptas./hora =   68
                                                   ——
                                                   89

(4). Corresponde al coste de subactividad en función de las horas productivas reales y respecto a las horas efectivas reales:

Mezcla: (106 − 128) horas × 10,43 ptas./hora =   229
Acabado: (104 − 125) horas × 13,64 ptas./hora =   286
                                                   ———
                                                   515

(5). Corresponde a la diferencia entre el importe de los g.i.f. imputados en el mes y los g.i.f. previstos inicialmente:

Mezcla: (130 h. × 10,43 ptas./hora) − 1.320 =   36
Acabado: (130 h. × 13,64 ptas./hora) − 1.730 =   44
                                                  ——
                                                  80

A partir de la información real se puede calcular la cuenta de resultados real (ver cuadro 6.11).

136

	Total	Prod. 1	Prod. 2	% sobre previsión	Notas
Ventas previstas	6.600	5.000	1.600		(1)
± Desviación en volumen	200	400	− 200	3,03	(2)
± Desviación en precio	− 73	−108	35	(1,11)	(3)
= Ventas reales	6.727	5.292	1.435	1,92	(4)
− Coste ventas standard	− 5.349	− 2.879	− 2.470		(1)
± Desviación en composición	78	− 231	309	1,46	(5)
= Coste ventas standard ajustado	− 5.271	− 3.110	− 2.161		(6)
± Desviación en precios m.p.	− 70	−	−	(1,33)	(7)
± Desviación en consumos m.p.	5	− 70	75	0,09	(8)
± Desviación en g.i.f. mezcla	− 79,75			(1,51)	(9)
± Desviación en g.i.f. acabado	− 25			(0,47)	(9)
± Desviación en actividad	− 515			(9,77)	
− Gastos estructura presupuestados	− 1.320				(1)
± Desviación en estructura (Dirección y Comercial)	− 130			(5,68)	(9)
± Coste de subactividad	− 89				
= BAIT	− 767,75				(11)
± Ajuste	+ 80				
= BAIT	−687,75				

Cuadro 6.11 Cuenta de resultados según el nivel A

En el cuadro 6.11 los porcentajes de desviación se han calculado de la siguiente forma:

- El porcentaje de la desviación en ventas se ha calculado sobre las ventas previstas.

- Los porcentajes de las desviaciones en coste de ventas (materia prima y g.i.f.) se han calculado sobre el coste de ventas standard ajustado.

- El porcentaje de la desviación en estructura se ha calculado en función de los gastos de estructura presupuestados.

Los cálculos para obtener la cuenta de resultados y las desviaciones han sido los siguientes (notas del cuadro 6.11):

(1). Las ventas previstas, el coste de ventas standard y los gastos de estructura presupuestados coinciden con los obtenidos en el presupuesto inicial.

(2). La desviación en volumen se obtiene:

	$\left(\begin{array}{c}\text{Ventas reales} \times \\ \text{precio standard}\end{array}\right) -$	$\left(\begin{array}{c}\text{Ventas previstas} \times \\ \text{precio standard}\end{array}\right)$	Total
Producto 1	(54 × 100) −	(50 × 100) =	400
Producto 2	(35 × 40) −	(40 × 40) =	− 200
Total			200

(3). La desviación en precio se obtiene:

	Ventas reales −	$\left(\begin{array}{c}\text{Ventas reales} \times \\ \text{precio standard}\end{array}\right)$	Total
Producto 1	(54 × 98) −	(54 × 100) =	− 108
Producto 2	(35 × 41) −	(35 × 40) =	35
Total			− 73

(4). El importe de las ventas reales coincide con:

$$\frac{\text{Ventas}}{\text{Reales}} = \frac{\text{Ventas}}{\text{previstas}} \pm \frac{\text{Desviación en}}{\text{volumen}} \pm \frac{\text{Desviación en}}{\text{precio}}$$

(5). La desviación en composición se obtiene:

138

	(Costes standard de las unidades previstas) − (Costes standard de las unidades reales)	Total
Producto 1	(57,58 × 50) − (57,58 × 54) =	− 231
Producto 2	(61,76 × 40) − (61,76 × 35) =	309
Total		+ 78

(6). El margen bruto standard ajustado se calcula como sigue:

$$(6) = \text{Ventas reales} - \text{Coste de ventas standard} -$$
$$- \text{Desviación en composición} = (4) - (1) - (5)$$

(7). La desviación en precios de materias primas se ha calculado en función de las compras y corresponde a:

	(Compras a precio standard) − (Compras a precio real)	Total
M.P. «M»	(40 kg × 15) − (40 × 14) =	40
M.P. «N»	(110 kg × 25) − (110 × 26) =	− 110
Total		− 70

Si se quisiera reflejar la desviación en función de los consumos, en lugar de las compras, tendríamos:

	Diferencia de precios (Precio standard − Precio real)	×	Unidades consumidas reales (Unidades vendidas reales × Consumo real unitario)		Total
Producto 1	M.P. «M» (15 − 14,714)	×	(54 × 1,05)	=	16,2
	M.P. «N» (25 − 25,916)	×	(54 × 1,01)	=	− 50
	Total			=	− 33,8
Producto 2	M.P. «M» (15 − 14,714)	×	(35 × 0)	=	0
	M.P. «N» (25 − 25,916)	×	(35 × 0,92)	=	− 29
	Total			=	− 29
Total				=	− 62,8

El precio real es el precio medio ponderado del stock inicial y de las compras realizadas. Las unidades consumidas reales se han calculado en función de las unidades vendidas aunque se podría haber utilizado el criterio de cálculo en función de las unidades fabricadas.

(8). La desviación en consumos de m.p. es:

	$\left(\begin{array}{c}\text{Unidades}\\\text{consumidas}\\\text{standard}\end{array}\right.$ $-$ $\begin{array}{c}\text{Unidades}\\\text{consumidas}\\\text{reales}\end{array}\left.\right)$ $\times$	Precio standard	Total
Producto 1	M.P. «M» ((1 kg × 60 unidades) − 63) × 15 =		− 45
	M.P. «N» ((1 kg × 60 unidades) − 61) × 25 =		− 25
	Total		− 70
Producto 2	M.P. «M»		−
	M.P. «N» ((1 kg × 40 unidades) − 37) × 25 =		75
Total			5

(9). La desviación en gastos de cada sección se calcula como sigue:

	Presupuestado	Real	Desviación presupuesto
Mezcla	1.320,25	1.400	− 79,75
Acabado	1.730	1.755	− 25
Dirección	360	435	− 75
Comercial	960	1.015	− 55
Total	4.370,25	4.605	− 234,75

6.2.3 Consideraciones sobre el nivel A

A partir de los puntos presentados en este apartado se pueden hacer las siguientes consideraciones adicionales:

a) El cuadro 6.11 se puede simplificar para presentarlo de forma más resumida tal como se refleja en el cuadro 6.12.

140

	Total	Producto 1	Producto 2	%
Ventas previstas	6.600	5.000	1.600	
± Desviación en ventas	127	292	− 165	1,92 %
= Ventas reales	6.727	5.292	1.435	
= Coste ventas standard ajustado	− 5.271	− 3.110	− 2.161	
± Desviación en materias primas	− 65			(1,23 %)
± Desviación en presupuesto	− 104,75			
± Desviación en actividad	− 604			
− Gastos estructura presupuestados	− 1.320			
± Desviación en estructura	− 130			(9,85 %)
BAIT	− 767,75			
Ajuste	80			
BAIT	− 687,75			

Cuadro 6.12 Cuenta de resultados simplificada (nivel A)

En el cuadro 6.12 la desviación en coste de ventas incluye la desviación en materia prima (en precio, − 70, y consumo, 5). La desviación en g.i.f. en actividad comprende la subactividad (− 89) y la desviación en actividad o productividad (− 515) y la desviación en presupuesto comprende la de Mezcla (− 79,75) y de Acabado (− 25).

El cálculo de los porcentajes se ha hecho atendiendo a los siguientes criterios:

• El porcentaje de la desviación en ventas se ha calculado sobre las ventas previstas.

• El porcentaje de la desviación en coste de ventas se ha calculado sobre el coste de ventas standard ajustado.

141

- El porcentaje de la desviación en estructura se ha calculado en función de los gastos de estructura presupuestados.

b) El cuadro 6.12 podría completarse tal como muestra el cuadro 6.13 en el cual se incluyen tanto la previsión inicial como la previsión ajustada.

	Previs. inicial	Previs. ajustada	Desvia-ción	Real	Desvia-ción	Desviación total
Ventas	6.600	6.800	200	6.727	− 73	+ 127
Coste ventas	− 5.349	− 5.271	78	5.336	− 65	+ 13
Margen	1.251	1.529	278	1.391	− 138	+ 140
Gtos. estruc.	− 1.320	− 1.320	0	− 1.450	− 130	− 130
G.i.f. activ.	− 52	− 604	− 552	− 604	0	− 552
G.i.f. presup.	0	0	0	− 104,75	− 104,75	− 104,75
BAIT	− 121	− 395	− 274	− 767,75	− 372,75	− 646,75

Cuadro 6.13 Cuenta de resultados simplificada

El coste de ventas real es el coste de ventas standard ajustado más las desviaciones en materia prima.

c) A partir de la información suministrada con el nivel A (ver cuadros 6.11, 6.12 y 6.13) se puede indicar que en la empresa «Industrial Manufacturera, S.A.» y, concretamente, en el mes de enero:

- Las ventas reales han sido un 1,92 % (127/6.600) superior a la previsión realizada merced al aumento de las unidades vendidas (supondría unas ventas adicionales de 200) y a pesar de la disminución del precio de venta (supone una reducción en las ventas de 73).

- El coste de ventas ha tenido una desviación desfavorable en materias primas del 1,23 % sobre el coste de ventas ajustado (65/5.271) debido, principalmente, a la desviación de precios.

- La desviación de los g.i.f. de las secciones productivas ha sido desfavorable en un 6,04 % en la sección de Mezcla y en un 1,45 % en la sección de Acabado (ver cuadro 6.14) respecto al presupuesto inicial.

- La sección de Mezcla ha tenido una pérdida de eficiencia del 17,19 % mientras que la de Acabado ha sido de 16,8 % al trabajar ambas a un rendimiento inferior al standard (ver cuadro 6.9).

- Los gastos de estructura han tenido una desviación desfavorable del 9,85 % (130/1.320).

- El coste de subactividad ha sido sensiblemente superior al previsto (89-52) debido a la baja productividad de las secciones productivas.

d) Profundizando en los diferentes centros de responsabilidad a partir del cuadro 6.14 se podría analizar la importancia de las desviaciones producidas sobre la previsión inicial.

En el cuadro 6.14 se observa una desviación muy desfavorable de la sección de Dirección mientras las demás secciones tienen una desviación ligeramente desfavorable.

	Presupuestado	Real	Desviación en importe	Desviación en %
Mezcla	1.320,25	1.400	− 79,75	− 6,04
Acabado	1.730	1.755	− 25	− 1,45
Dirección	360	435	− 75	− 20,83
Comercial	960	1.015	− 55	− 5,73
Total	4.370,25	4.605	− 234,75	− 5,37

Cuadro 6.14 Desviaciones por centro de responsabilidad

e) El resumen de los asientos de contabilización de las desviaciones sería el siguiente:

143

• Para Mezcla:

| 1.400 | g.i.f. reales | a | Control externo | 1.400 |

1.320	g.i.f. previstos			
80	Desviación en presupuesto			
		a	g.i.f. reales	1.400

1.106	Coste standard (106 horas × 10,43 ptas/hora)			
21	Coste subactividad			
229	Desviación en productividad			
		a	g.i.f. previstos	1.320
		a	Diferencias de imputación (1)	36

(1) (130 × 10,43 ptas./hora) − 1.320

• Para Acabado:

| 1.755 | g.i.f. reales | a | Control externo | 1.755 |

1.730	g.i.f. previstos			
25	Desviación en presupuesto			
		a	g.i.f. reales	1.755

1.419	Coste standard (104 horas × 13,64 ptas./hora)			
68	Coste subactividad			
286	Desviación en productividad			
		a	g.i.f. previstos	1.730
		a	Diferencias de imputación (2)	43

(2) (130 × 13,64 ptas./hora) − 1.730

f) Hasta ahora, en este apartado se han calculado las desviaciones en precios de materias primas en función de las compras (ver cuadro 6.11). Sin embargo, dado que en la nota 7 del cuadro 6.11 de este capítulo se ha calculado también la desviación en función de los consumos, el cuadro 6.15 presenta la cuenta de resultados que se obtendría en función de la desviación en precios en base a los consumos.

	Total	Producto 1	Producto 2
Ventas previstas	6.600	5.000	1.600
± Desviación en volumen	200	400	− 200
± Desviación en precio	− 73	− 108	35
= Ventas reales	6.727	5.292	1.435
− Coste ventas standard ajustado	− 5.271	− 3.110	− 2.161
± Desviación en precios m.p. (1)	− 63,8	−	−
± Desviación en consumos m.p.	5	− 70	75
± Desviación en g.i.f. mezcla	− 79,75		
± Desviación en g.i.f. acabado	− 25		
− Gastos estructura presupuestados	− 1.320		
± Desviación en estructura	− 130		
± Desviación en actividad	− 604		
BAIT	− 761,55		

(1). Ver la nota 7 del cuadro 6.11.

Cuadro 6.15 Cuenta de resultados según el nivel A calculando la desviación en precios en función del consumo

6.3 Exposición del nivel B: Cálculo de la desviación ajustando los g.i.f. al nivel de actividad real y realizando la descomposición de la desviación total en desviación en presupuesto y en actividad

El análisis desarrollado en el nivel A, se podría profundizar si en lugar de trabajar con el coste de subactividad se ajustan los g.i.f. previstos al nivel de actividad real.

Para facilitar la comprensión del nivel B se estudiará inicialmente el caso particular del comportamiento de los g.i.f. de la sección de Mezcla para analizar luego el caso de cada uno de los conceptos de coste de la sección. El mismo análisis se realizará también para la sección de Acabado.

En el enunciado del caso, al principio del capítulo, se indica que en el mes de enero estaba previsto que la sección de Mezcla tuviera unos g.i.f. de 1.320,25 y pudiera disponer de un total de 130 horas. No obstante, los g.i.f. reales han sido 1.400 y se ha podido disponer de 132 horas.

En el nivel A no se realizaba ningún ajuste respecto las 132 horas y se calculaba la desviación simplemente por la diferencia entre el presupuesto inicial y los g.i.f. reales:

$$1.320,25 - 1.400 = - 79,75$$

Sin embargo, al trabajarse 132 horas en lugar de las 130 horas previstas, en el nivel B de análisis se supone que el importe de los g.i.f. de la sección debería ser proporcional a la variación que se ha producido en el número de horas. Esto significa que en el nivel B los g.i.f. se consideran como variables en función del nivel de actividad.

Así, el importe previsional de 1.320,25 correspondiente a un nivel de actividad de 130 horas se ajusta al nivel real que ha sido de 132 horas:

$$\frac{132 \text{ horas}}{130 \text{ horas}} \times 1.320,25 = 1,01538 \times 1.320,25 = 1.340,56$$

Por otra parte, en segundo lugar, también se nos indica que se han fabricado 60 unidades del producto 1 y 40 del producto 2. Dado que el tiempo de fabricación standard de cada unidad en la sección de Mezcla es 0,9 horas para el producto 1, y 1,3 horas para el producto 2, esto supondría que las horas que se deberían haber consumido en la

146

sección de Mezcla, si el rendimiento hubiera sido el previsto en los standards, hubieran tenido que ser:

$$(60 \times 0,9) + (40 \times 1,3) = 106 \text{ horas}$$

Siguiendo el mismo razonamiento anterior, si el nivel de actividad hubiera sido el que correspondería al standard, es decir de 106 horas en lugar de las 130 horas previstas, el coste que se debería haber tenido sería:

$$\frac{106 \text{ horas}}{130 \text{ horas}} \times 1.320,25 = 1.076,55$$

A partir de aquí, dado que los g.i.f. reales de la sección han sido de 1.400, la desviación total que ha tenido la sección es:

$$1.076,55 - 1.400 = -323,45$$

A partir de aquí, después de haber calculado el coste correspondiente a 132 horas disponibles (1.340,56) y el correspondiente a 106 horas productivas (1.076,55) y sabiendo que el importe real de los g.i.f. de la sección de Mezcla ha sido de 1.400 en el mes de enero, se podría descomponer la desviación total en dos desviaciones, la desviación en presupuesto y la desviación en actividad.

• Desviación económica o en presupuesto:

g.i.f. previsto ajustado al
volumen de actividad real — g.i.f. real =
(132 horas)

$$= (1.340,56 - 1.400) = -59,44$$

• Desviación técnica o en actividad

Paralelamente, al ser realmente productivas sólo 106 horas de las 132 horas disponibles se puede suponer que hay 26 horas (132 − 106) de subactividad (o de baja productividad) lo cual comporta un coste de:

$$1.076,55 - 1.340,56 = -264,01$$

De este coste, 20,31 (1.340,56 − 1.320,25) correspondería a las 2 horas de más que se han trabajado respecto a la previsión inicial (132 horas − 130 horas) y 243,70 (1.320,25 − 1.076,55) a las 24 horas de diferencia entre el tiempo efectivo de la producción real (106) y el tiempo previsto disponible (130).

El cálculo de la desviación en actividad equivale a:

$$\frac{106 - 132}{130} \times 1.320,25 = -264,01$$

El cálculo se realizaría, igualmente, a través de:

$$\begin{bmatrix} \text{g.i.f. previsto} \\ \text{ajustado al volumen} \\ \text{de actividad standard} \\ \text{de la producción real} \\ \text{(106 horas)} \end{bmatrix} - \begin{bmatrix} \text{g.i.f. previsto} \\ \text{ajustado al volumen} \\ \text{de actividad real} \\ \text{(132 horas)} \end{bmatrix} =$$

$$= (1.076,55 - 1.340,56) = -264,01$$

Así, pues, a partir de ambas desviaciones, la desviación total sería:

$$(-59,44) + (-264,01) = -323,45$$

El resumen de la contabilización de los g.i.f. sería el siguiente:

1.400	g.i.f. reales	a	Control externo	1.400

1.320	g.i.f. previstos			
60	Desviación en presupuesto			
20	Desviación en actividad			
		a	g.i.f. reales	1.400

1.106	Coste productos			
244	Desviación en actividad			
		a	g.i.f. previstos	1.320
		a	Ajustes (1)	30

(1) Corresponde a la diferencia entre el importe de los g.i.f. imputados a los productos (106 horas × 10,43 = 1.106) y el g.i.f. ajustado a 106 horas.

Dentro de la desviación en actividad se incluye tanto el importe correspondiente a subactividad (inactividad) por las 4 horas no utilizadas como al de subproductividad por las 22 horas (128 efectivas menos 106 standard para hacer la producción real).

A partir de aquí, una vez expuestas las bases del procedimiento del nivel B, si en lugar de tratar los g.i.f. de la sección de Mezcla globalmente tratamos a los diferentes componentes del coste separadamente y les aplicamos a su importe previsional (en función del nivel de actividad) realizamos un ajuste en función del nivel real, 132 horas, y del nivel standard de la producción real, 106 horas, tendríamos el cuadro 6.16 y el cuadro 6.17.

Igualmente, en el caso de la sección de Acabado y siguiendo el mismo proceso que en el caso estudiado de la sección de Mezcla se obtendrían los cuadros 6.18 y 6.19. Debe recordarse que en esta sección las horas disponibles reales han sido 132, aunque estaban previstas 130, pero la producción que se ha tenido en este tiempo equivale a 104 horas del rendimiento standard que se había establecido a principios de año.

Concepto	Previsto (1)	Previsión ajustada al volumen real (2)	Previsión ajustada al volumen standard (3)	Real (4)
Horas	130	132	106	132
Personal	706	716,9	575,7	700
M. auxiliar	127,5	129,5	104	160
Alquileres	140	142,2	114,1	150
Reparaciones	118,75	120,6	96,8	140
Diversos	128	130	104,4	150
Amortización	100	101,4	81,5	100
Total	1.320,25	1.340,6	1.076,5	1.400

(1). A partir de la previsión inicial realizada al inicio del ejercicio.

(2). La previsión ajustada al volumen real se calcula multiplicando la tarifa standard por las horas disponibles realmente:

$$(2) = \frac{(1)}{130 \text{ horas}} \times 132 \text{ horas}$$

(3). La previsión ajustada al volumen standard se calcula multiplicando la tarifa standard por las horas productivas (que son las horas standard a las que equivale la producción real):

$$(3) = \frac{(1)}{130 \text{ horas}} \times 106 \text{ horas}$$

(4). A partir de la contabilidad histórica.

Cuadro 6.16 Cálculo del presupuesto ajustado de los g.i.f. de la sección de Mezcla (datos redondeados)

149

	Desviaciones			
	Total (5)		Presupuesto	Actividad
	Ptas.	%	(6)	(7)
Personal	(124,3)	(21,6)	16,9	(141,2)
M. auxiliar	(56)	(53,8)	(30,5)	(25,5)
Alquileres	(35,9)	(31,4)	(7,8)	(28,1)
Reparaciones	(43,2)	(44,6)	(19,4)	(23,8)
Diversos	(45,6)	(35,6)	(20)	(35,6)
Amortización	(18,5)	(22,7)	1,4	(19,9)
Total	(323,5)	(30)	(59,4)	(264,1)

(5). La desviación total de los g.i.f. se calcula:

$$(5) = (3) - (4) \text{ (en pesetas) y } \% = \frac{(5)}{(3)} \text{ (en porcentaje)}$$

(6). La desviación en presupuesto se calcula:

$$(6) = (2) - (4)$$

(7). La desviación en actividad se calcula:

$$(7) = (3) - (2)$$

Cuadro 6.17 Cálculo de las desviaciones de los g.i.f. de la sección de Mezcla a partir de los datos del cuadro 6.16

El resumen de los ajustes contables que se deberían realizar en la sección de Acabado serían:

1.755	g.i.f. reales	a	Control externo	1.755

1.730	g.i.f. previstos			
− 1,3	Desviación en presupuesto			
26,3	Desviación en actividad (1)			
		a	g.i.f. reales	1.755

150

1.419	Coste productos (2)		
346	Desviación en actividad (3)		
	a g.i.f. previstos	1.730	
	a Ajustes (4)	35	

(1). 1.756,3 − 1.730 = 26,3.

(2). 104 horas × 13,64 ptas./hora = 1.419 (aproximado).

(3). 1.730 − 1.384 = 346.

(4). Corresponde a la diferencia entre el importe de los g.i.f. imputados a los productos (104 horas × 13,64 = 1.419) y el g.i.f. ajustado a 104 horas (1.384).

Analizando las desviaciones en g.i.f. de las secciones de Mezcla y Acabado (ver cuadros 6.17 y 6.19) se puede observar que hay una desviación muy favorable en ambas secciones. Además, se puede observar cómo en Acabado casi no hay desviación en presupuesto mientras que en Mezcla hay una desviación favorable de 59,4.

Para realizar el análisis de las desviaciones en g.i.f. los cuadros 6.17 y 6.19 se podrían presentar tal como muestra el cuadro 6.20.

Concepto	Previsto (1)	Previsión ajustada a volumen real (2)	Previsión ajustada a volumen standard (3)	Real (4)
Horas	130	132	104	132
Personal	890	903,6	712	905
M. auxiliar	270	274,1	216	280
Alquileres	140	142,1	112	140
Reparaciones	220	223,3	176	205
Diversos	130	132	104	145
Amortización	80	81,2	64	80
Total	1.730	1.756,3	1.384	1.755

$$(2) = \frac{(1)}{130} \times 132$$

$$(3) = \frac{(1)}{130} \times 104$$

Cuadro 6.18 Cálculo del presupuesto de la sección de Acabado

151

	Desviaciones			
	Total (5)		Presupuesto	Actividad
	Ptas.	%	(6)	(7)
Personal	(193)	(27,1)	(1,4)	(191,6)
M. auxiliar	(64)	(29,6)	(5,9)	(58,1)
Alquileres	(28)	(25)	2,1	(30,1)
Reparaciones	(29)	(16,5)	18,3	(47,3)
Diversos	(41)	(39,4)	(13)	(28)
Amortización	(16)	(25)	1,2	(17,2)
Total	(371)	(26,8)	1,3	(372,3)

$(5) = (3) - (4)$; $\% = \dfrac{(5)}{(3)}$;

$(6) = (2) - (4)$;

$(7) = (3) - (2)$

Cuadro 6.19 Cálculo de las desviaciones de los g.i.f. de la sección de Acabado (valores aproximados). A partir de los datos del cuadro 6.18.

Sección	Presupuesto	Actividad	Total
Mezcla	(59,4)	(264,1)	(323,5)
Acabado	1,3	(372,3)	(371)
Total	(58,1) .	(636,4)	(694,5)

Cuadro 6.20 Desviaciones en g.i.f.

A partir de la información calculada en el nivel A e introduciendo las modificaciones realizadas en el nivel B, se puede elaborar la cuenta de resultados del nivel B. Esta será semejante a la obtenida en el nivel A excepto en el importe de las desviaciones en los g.i.f. de las secciones de Mezcla y Acabado y en el coste de subactividad que no hace falta calcularlo porque ya está incluido en la desviación en actividad (ver cuadro 6.21).

152

	Total	Producto 1	Producto 2
Ventas previstas	6.600	5.000	1.600
± Desviación en volumen	200	400	− 200
± Desviación en precio	− 73	− 108	35
Ventas reales	6.727	5.292	1.435
− Coste ventas standard ajustado	− 5.271	− 3.110	− 2.161
± Desviación en precios m.p.	− 70		
± Desviación en consumo	5	− 70	75
± Desviación g.i.f.	− 694,5		
− Gastos estructura	− 1.320		
± Desviación en g. estructura	− 130		
BAIT Ajuste	753,5 + 65		
BAIT	688,5		

Cuadro 6.21 Cuenta de resultados según el nivel B (desviación en precios de materias primas en función de los consumos)

La cuenta de resultados se podría presentar tal como refleja el cuadro 6.22.

	Prev. inicial (1)	Prev. ajustada (2)	Desv. (1) − (2)	Real (3)	Desv. (2) − (3)	Desv. total (1) − (3)
Ventas	6.600	6.800	200	6.727	− 73	127
Coste venta	5.349	5.271	78	5.336	− 65	13
Margen	1.251	1.529	278	1.391	− 138	140
Estructura	1.320	1.320	0	1.450	− 130	− 130
G.i.f. activ.	52	636,4	− 584,4	636,4	0	− 584,4
G.i.f. presup.	0	0	0	58,1	− 58,1	− 58,1
BAIT	− 121	− 427,4	− 306,4	− 753,5	− 326,1	− 632,5

Cuadro 6.22 Cuenta de resultados previsional, ajustada y real

153

Comparando el resultado obtenido en el nivel B respecto al obtenido en el nivel A (ver el cuadro 6.23) se pueden observar las diferencias existentes entre ambos sistemas.

	Nivel A	Nivel A
Ventas previstas	6.600	6.600
± Desviación en volumen	200	200
± Desviación en precio	− 73	− 73
= Ventas reales	6.727	6.727
− Coste ventas standard ajustado	− 5.271	− 5.271
± Desviación en precios M.P.	− 70	− 70
± Desviación en consumo	5	5
± Desviación g.i.f. presupuesto	− 104,75	− 58,1
± Desviación g.i.f. actividad	− 604	− 636,4
− Gastos estructura	− 1.320	− 1.320
± Desviación en g. estructura	− 130	− 130
= BAIT + Ajuste	− 767,75 + 80	− 753,5 + 65
= BAIT	− 687,75	688,5

Cuadro 6.23 Comparación de las cuentas de resultados

Ambos resultados deberían cuadrar. En este caso las aproximaciones realizadas explican esta diferencia.

6.4 Exposición del nivel C: consideración del presupuesto flexible

En el nivel B se han tratado los g.i.f. como totalmente variables en función del nivel de actividad. En la práctica esto es una hipótesis que difícilmente se cumple pues muchos g.i.f. son fijos y aunque se modifique el nivel de actividad tienden a permanecer fijos o en todo caso tienen un comportamiento semivariable. En el nivel C para superar la limitación que presenta el nivel B se calculan las desviaciones a partir del presupuesto flexible de los g.i.f. de cada sección.

Al exponer el proceso presupuestario de la empresa industrial, en el capítulo 4 se ha presentado la técnica del presupuesto flexible. El presupuesto flexible se basa en la elaboración del presupuesto en función de la distinción entre gastos fijos, independientes del nivel de actividad, y gastos variables, que varían en función del nivel de actividad a partir de un coste unitario por hora (u otra unidad que refleje el nivel de actividad).

A partir de aquí el presupuesto flexible permite la adecuación del presupuesto inicial de g.i.f. al nivel de actividad real que se ha tenido con lo que permite un ajuste más exacto del presupuesto inicial que el del nivel B.

En el apartado 4.3, al elaborar el presupuesto flexible y el presupuesto anual teníamos una tasa de g.i.f. para cada sección por hora. La tasa se calculaba a partir del importe de g.i.f. anual de cada sección dividido por el total de horas disponibles en el año. Paralelamente, para tener una mayor flexibilidad en la aplicación del sistema se había introducido una previsión de gastos mensual que difería de la que se obtendría de multiplicar la tasa horaria standard de g.i.f. por las horas de actividad disponibles del mes y que obliga a introducir un ajuste contable que se regulariza a final de año (su saldo siempre acaba siendo cero) en la forma que se ha explicado en el capítulo 4.

Así, a partir del planteamiento que se ha expuesto en el nivel B, en el nivel C se puede ver la aplicación que permite la introducción del presupuesto flexible.

Recordemos, en primer lugar, que disponíamos de la información correspondiente a los costes unitarios de fabricación (ver cuadro 6.24) y a la cuenta de resultados previsional (ver cuadro 6.25).

	Mezcla	Acabado	Total
Coste g.i.f. por hora	10,48	13,67	
Coste g.i.f. unitario standard anual			
• Producto 1	9,43	8,2	17,64
• Producto 2	13,62	23,25	36,88

Cuadro 6.24 Costes unitarios de fabricación (ver el cuadro 4.17)

	Total	Producto 1	Producto 2
Ventas	6.600	5.000	1.600
Coste ventas	− 5.357	− 2.882	− 2.475
Margen bruto	1.243	2.118	− 875
Coste subactividad	− 43		
Gastos estructura	− 1.320		
BAIT	− 120		
Ajuste g.i.f.	80		
BAIT	− 40		

Cuadro 6.25 Cuenta de resultados previsional

En el caso particular de la sección de Mezcla y a partir de la información que sobre esta sección se presenta en el apartado 4.3 se dispone del detalle de los gastos que componen el presupuesto flexible del mes de enero de la sección de Mezcla (ver cuadro 6.26) así como del cálculo de la tarifa anual de los g.i.f. fijos (ver cuadro 6.27). A partir de esta información conjuntamente con la información real sobre el mes se analizarán las desviaciones en los g.i.f.

Sección de Mezcla		Mes: Enero
Concepto	Gastos fijos mes	Tasa gastos variables por hora
Personal	606	0,8
M. auxiliar	65	0,5
Alquileres	140	—
Reparaciones	87,5	0,25
Diversos	78	0,4
Amortización	100	—
Total	1.076,5	1,95

Cuadro 6.26 Presupuesto flexible de la sección de Mezcla

Mezcla Concepto	G.i.f. fijos anuales (1)	Tasa g.i.f. fijos por hora (2)	Tasa g.i.f. variable por hora (3)	Tasa g.i.f. total por hora (4)
Personal	6.060	4,66	0,8	5,46
M. auxiliar	715	0,55	0,5	1,05
Alquileres	1.540	1,18	—	1,18
Reparaciones	875	0,67	0,25	0,92
Diversos	900	0,69	0,4	1,09
Amortización	1.000	0,78	—	0,78
Total	11.090	8,53	1,95	10,48

(1). A partir de la previsión anual (ver cuadro 4.13).

(2). $\dfrac{(1)}{1.300 \text{ horas}}$

(3). A partir del cuadro 4.12.

(4). = (2) + (3)

Cuadro 6.27 Cálculo del g.i.f. fijo y variable por hora

Sabemos, en primer lugar, que se han trabajado 132 horas de las cuales han sido efectivas 128 horas. Sin embargo, en realidad, la producción obtenida en este tiempo, si se hubiera trabajado con el nivel de productividad previsto al elaborar los standards, debería haber sido equivalente a la de trabajar 106 horas. Si calculamos el importe de los g.i.f. previsionales ajustados al nivel de actividad standard, en función del coste standard unitario anual, aquel sería:

$$106 \text{ horas} \times 10,48 = 1.110,9$$

Observemos que se realiza el ajuste con el coste standard unitario anual mientras que en el nivel B ajustábamos el importe de g.i.f. del mes (que al no coincidir con el g.i.f. imputado en el mes a los productos fabricados exigía que se hiciera un ajuste contable por la diferencia).

Esto significaría que ha habido una desviación total desfavorable de $(1.110,9 - 1.400) = -289,1$.

Esta desviación total se podría descomponer, al igual que habíamos hecho en el nivel B, entre desviación en presupuesto y desviación en actividad.

a) La desviación en presupuesto equivale a:

$$\left(\begin{array}{c} \text{Previsión ajustada al} \\ \text{volumen de actividad real} \end{array} - \begin{array}{c} \text{Gastos} \\ \text{reales} \end{array} \right)$$

Y la «previsión ajustada al volumen de actividad real» se calcula a partir de la información elaborada a principio de año para realizar el presupuesto flexible:

$$\left(\begin{array}{c} \text{Horas} \\ \text{efectivas} \end{array} \times \begin{array}{c} \text{Tasa standard} \\ \text{g.i.f. variables} \end{array} \right) + \begin{array}{c} \text{g.i.f. fijos} \\ \text{presupuestados} \end{array}$$

En el caso que se estudia, al disponer de 128 horas (y suponiendo que las 4 horas no efectivas $132 - 128 = 4$ no comporten ningún coste adicional) tendríamos que el coste que debería haber tenido la sección sería:

$$(128 \text{ horas} \times 1,95) + 1.076,5 = 1.326,1$$

Si las 4 horas no utilizadas supusieran el tener un coste variable, se sustituiría 128 por 132 como número de horas efectivas.

Así, pues, si se compara el importe que debería haber tenido la sección en función de su nivel de actividad efectivo con los g.i.f. reales se comprueba que ha habido una desviación en presupuesto de:

$$1.326,1 - 1.400 = -73,9$$

b) La desviación en actividad, por su parte, equivale:

$$\left(\begin{matrix} \text{Previsión ajustada al} \\ \text{nivel de actividad standard} \end{matrix} - \begin{matrix} \text{Previsión ajustada al} \\ \text{nivel de actividad real} \end{matrix} \right)$$

Y la «previsión ajustada al volumen de actividad standard» (de la producción real) se calcula mediante:

$$\left(\begin{matrix} \text{Horas} \\ \text{efectivas} \end{matrix} \times \begin{matrix} \text{Tasa standard} \\ \text{g.i.f. variables} \end{matrix} \right)$$

Al haber trabajado de forma efectiva 128 horas pero, dado que para la producción resultante se deberían haber trabajado 106, el coste que se debía haber tenido sería, tal como se ha visto:

$$\left(\begin{matrix} \text{Horas} \\ \text{standard} \end{matrix} \times \begin{matrix} \text{Tasa standard} \\ \text{g.i.f. total} \end{matrix} \right) = 106 \times 10,48 = 1.110,9$$

Con lo que se produce una desviación en actividad:

$$1.110,9 - 1.326,1 = -215,2$$

c) Si se quiere profundizar en el análisis de la desviación en actividad, ésta se puede descomponer en desviación en capacidad y desviación en eficiencia:

- Aunque la sección tenía 132 horas disponibles ha utilizado sólo 128. Sin embargo, si se hubieran aprovechado todas ellas, su coste hubiera sido:

$$(132 \text{ horas} \times 1,95) + 1.076,5 = 1.333,9$$

Esto significa que ha habido una desviación favorable en capacidad ociosa de

$$\left(\begin{matrix} \text{Horas} \\ \text{disponibles} \end{matrix} - \begin{matrix} \text{Horas} \\ \text{efectivas} \end{matrix} \right) \times \begin{matrix} \text{Tasa g.i.f. variable} \\ \text{total por hora} \end{matrix}$$

$$(132 - 128) \times 1,95 = 7,8$$

que representa el ahorro que se ha tenido por no utilizar toda actividad disponible.

- No obstante, al tener 106 horas de actividad standard (aunque la producción que se podía haber realizado en 106 horas ha precisado 128 horas) respecto a las 132 horas que tenía disponibles la sección, esto supondría que se ha tenido una desviación en eficiencia de:

$$\left(\begin{array}{c} \text{g.i.f. previsional} \\ \text{ajustado al} \\ \text{nivel standard de} \\ \text{la producción real} \\ \\ (106 \text{ horas}) \end{array} \quad - \quad \begin{array}{c} \text{g.i.f. previsional} \\ \text{ajustado al} \\ \text{nivel real} \\ \\ \\ (132 \text{ horas}) \end{array} \right)$$

$$1.110,9 \quad - \quad 1.333,9 \quad = \quad -223$$

El resumen de la contabilización de las desviaciones de la sección sería:

1.400	g.i.f. reales	a Control externo	1.400

1.320,25	g.i.f. previstos		
73,9	Desv. presupuesto		
5,85	Desv. actividad (1.326,1 − 1.320,5)		
		a g.i.f. reales	1.400

1.110,9	Coste productos		
209,35	Desv. actividad (1.320,25 − 1.110,9)		
		a g.i.f. previstos	1.320,25

Si este ajuste realizado sobre el importe total de los g.i.f. de la sección lo aplicamos a cada uno de los diferentes conceptos de coste de la sección tendríamos los cuadros 6.28 y 6.29.

Sección de Mezcla Mes: Enero

Concepto	Previsto (1)	Gastos fijos (2)	Tasa gastos variables (3)	Previsión ajustada al volumen real (4)	Previsión ajustada al volumen standard (5)	Real (6)
Concepto	125 h.			128 h.	106 h.	
Personal	706	606	0,8	708,4	578,8	700
M. auxiliar	127,5	65	0,5	129	111,3	160
Alquileres	140	140	—	140	125,1	150
Reparaciones	118,75	87,5	0,25	119,5	97,5	140
Diversos	128	78	0,4	129,2	115,5	150
Amortización	100	100	—	100	82,7	100
Total	1.320,25	1.076,5	1,95	1.326,1	1.110,9	1.400

(1). Ver cuadro 4.3. (2). Ver cuadro 4.14. (3). Ver cuadro 6.26. (4). (2) + (3) × 128 horas. (5). Ver detalle en el cuadro 6.20.

Cuadro 6.28 Previsión de g.i.f. de la sección de Mezcla

Concepto	Desviación total (5) − (6)	Presupuesto (4) − (6)	Actividad (5) − (4)
Personal	(121,2)	8,4	(129,6)
M. auxiliar	(48,7)	(31)	(17,7)
Alquileres	(24,9)	(10)	(14,9)
Reparaciones	(42,4)	(20,5)	(21,9)
Diversos	(34,5)	(20,8)	(13,7)
Amortización	(17,3)	—	(17,3)
Total	(289,1)	(73,9)	(215,2)

Cuadro 6.29 Cálculo de las desviaciones de la sección de Mezcla

Concepto	G.i.f. fijos anuales (1)	Tasa g.i.f. fijos por hora (2)	Tasa g.i.f. variable por hora (3)	Tasa g.i.f. total (4)	Previsión ajustada al volumen standard (5)
Personal	6.060	4,66	0,8	5,46	578,8
M. auxiliar	715	0,55	0,5	1,05	111,3
Alquileres	1.540	1,18	—	1,18	125,1
Reparaciones	875	0,67	0,25	0,92	97,5
Diversos	900	0,69	0,4	1,09	115,5
Amortización	1.000	0,78	—	0,78	82,7
Total	11.090	8,53	1,95	10,48	1.110,9

(1). Cuadro 4.13.

(2). $\dfrac{(1)}{1.300}$

(3). A partir del cuadro 4.16.

(4). = (2) + (3)

(5). = (4) × 106

Cuadro 6.30 Cálculo de la previsión ajustada al volumen standard de la producción real de la sección de Mezcla

Al igual que se ha hecho para la sección de Mezcla podrían calcularse las desviaciones de la sección de Acabado (ver cuadros 6.31, 6.32, 6.33, 6.34 y 6.35).

Sección de Acabado		Mes: Enero
Concepto	Gastos fijos mes	Tasa gastos variables por hora
Personal	779	0,85
M. auxiliar	140	1
Alquileres	140	—
Reparaciones	90	1
Diversos	130	—
Amortización	80	—
Total	1.359	2,85

Cuadro 6.31 Presupuesto flexible de la sección de Acabado

Acabado Concepto	Gastos g.i.f. fijos anuales (1)	Tasa g.i.f. fijos por hora (2)	Tasa g.i.f. variable por hora (3)	Tasa g.i.f. total por hora (4)
Personal	7.795	6	0,85	6,85
M. auxiliar	1.540	1,185	1	2,185
Alquileres	1.540	1,185	—	1,185
Reparaciones	900	0,69	1	1,69
Diversos	1.500	1,15	—	1,15
Amortización	800	0,61	—	0,61
Total	14.075	10,82	2,85	13,67

(1). A partir de la previsión anual (ver cuadro 4.14).

(2). $\dfrac{(1)}{1.300 \text{ horas}}$

(3). A partir del cuadro 4.16.

(4). = (2) + (3)

Cuadro 6.32 Cálculo del g.i.f. fijo y variable por hora

Sección de Acabado — Mes: Enero

Concepto	Previsto (1)	Gastos fijos (2)	Tasa gastos variables (3)	Previsión ajustada al volumen real (4)	Previsión ajustada al volumen standard (5)	Real (6)
Personal	890	779	0,85	885	712	905
M. auxiliar	270	140	1	265	227	280
Alquileres	140	140	–	140	123	140
Reparaciones	220	90	1	215	176	205
Diversos	130	130	–	130	120	145
Amortización	80	80	–	80	64	80
Total	1.730	1.359	2,85	1.715	1.422	1.755

(4). = (2) + (3) × 125 horas.   (5). 104 horas × Coste standard unitario anual (ver cuadro 6.22).

Cuadro 6.33 Previsión de g.i.f. de la sección de Acabado

Concepto	Desviación total (5) − (6)	Presupuesto (4) − (6)	Actividad (5) − (4)
Personal	(193)	(20)	(173)
M. auxiliar	(52)	(15)	(37)
Alquileres	(16)	–	(16)
Reparaciones	(29)	10	(39)
Diversos	(25)	(15)	(10)
Amortización	(16)	–	(16)
Total	(333)	(40)	(293)

(4), (5), (6). Ver cuadro 6.33.

Cuadro 6.34 Cálculo de las desviaciones de la sección de Acabado

Concepto	G.i.f. fijos anuales (1)	Tasa g.i.f. fijos por hora (2)	Tasa g.i.f. variable por hora (3)	Tasa g.i.f. total (4)	Previsión ajustada al volumen standard (5)
Personal	7.795	6	0,85	6,85	712
M. auxiliar	1.540	1,185	1	2,185	227
Alquileres	1.540	1,185	—	1,185	123
Reparaciones	900	0,69	1,	1,69	176
Diversos	1.500	1,15	—	1,15	120
Amortización	800	0,61	—	0,61	64
Total	14.075	10,82	2,85	13,67	1.422

(2). $= \dfrac{(1)}{1.300}$

(3). = A partir del cuadro 16 del capítulo IV.

(4). = (2) + (3)

(5). = (4) × 104 horas

Cuadro 6.35 Cálculo de la previsión ajustada al volumen standard de la producción real de la sección de Acabado

A partir del cálculo de las desviaciones por sección se puede condensar la información tal como muestra el cuadro 6.26.

Sección	Presupuesto	Actividad	Total
Mezcla	(73,9)	(215,2)	(289,1)
Acabado	(40)	(293)	(333)
Total	(113,9)	(508,2)	(622,1)

Cuadro 6.36 Desviaciones en g.i.f. en el nivel C

A partir de la información elaborada podemos confeccionar la cuenta de resultados del nivel C (cuadro 6.37 y 6.38) y compararla con la obtenida en los niveles A y B (cuadro 6.39).

	Total	Producto 1	Producto 2
Ventas previstas	6.600	5.000	1.600
± Desviación en volumen	200	400	− 200
± Desviación en precio	− 73	− 108	35
= Ventas reales	6.727	5.292	1.435
− Coste ventas standard ajustado	− 5.278	− 3.113	− 2.165
± Desviación en precios M.P.	− 70		
± Desviación en consumo	5	− 70	75
± Desviación g.i.f. presupuesto	− 113,9		
± Desviación g.i.f. actividad	− 508,2		
− Gastos estructura	− 1.320		
± Desviación en g. estructura	− 130		
= BAIT	− 688,1		

Cuadro 6.37 Cuenta de resultados según el nivel C

Concepto	Previsión inicial	Previsión ajuste	Desviación	Real	Desviación	Desviación total
Ventas	6.600	6.800	200	6.727	− 73	127
− Coste ventas	5.357	5.278	+ 79	5.343	− 65	14
= Margen	1.243	1.522	279	1.384	− 138	141
− G. estructura	1.320	1.320	0	1.450	− 130	− 130
− g.i.f. actividad	43	508,2	− 465,2	508,2	0	− 465,2
− g.i.f. presupuesto	0	0	0	113,9	− 113,9	− 113,9
= BAIT	− 120	− 306,2	− 186,2	− 688,1	− 381,9	− 568,1

Cuadro 6.38 Cuenta de resultados previsional, ajustada y real

167

En este nivel no es necesario realizar el ajuste por las diferencias de imputación como se ha visto al desarrollar los asientos de contabilización de las desviaciones.

	Nivel A	Nivel B	Nivel C
Ventas previstas	6.600	6.600	6.600
± Desviación en volumen	200	200	200
± Desviación en precio	− 73	− 73	− 73
= Ventas reales	6.727	6.727	6.727
− Coste ventas standard ajustado	− 5.278	− 5.278	− 5.271
± Desviación en precios M.P.	− 70	− 70	− 70
± Desviación en consumo	5	5	5
± Desviación g.i.f. presupuesto	− 104,75	− 58,1	− 113,9
± Desviación g.i.f. actividad	− 604	− 636,4	− 508,2
− Gastos estructura	− 1.320	− 1.320	− 1.320
± Desviación en g. estructura	− 130	− 130	− 130
= BAIT	− 767,75	− 753,5	− 688,1
+ Ajuste	80	65	−
= BAIT	− 687,75	− 688,5	− 688,1

Cuadro 6.39 Comparación de las cuentas de resultados según el nivel A, el nivel B y el nivel C.

Obsérvese que en el nivel C no se incluye en ajuste de 80 porque se trabaja con el g.i.f. anual.

6.5 Consideraciones finales

En este capítulo se han expuesto tres métodos diferentes para la realización del análisis de las desviaciones en los gastos indirectos de fabricación (g.i.f.). A partir de los principios generales desarrollados hay que considerar los siguientes aspectos:

a) Cuando se utiliza el sistema Direct Costing el análisis de desviaciones es similar al presentado en el capítulo 5 correspondiente a la empresa comercial. Dado que los g.i.f. no se imputan a los productos su tratamiento puede ser similar al de los gastos de estructura. No obstante, si se quiere profundizar en su análisis, se podría utilizar la misma metodología presentada en el nivel B o nivel C si se pueden llegar a descomponer los g.i.f. en variables y fijos.

b) En la exposición de los diferentes niveles no se han imputado las desviaciones en actividad a los productos. En caso de que interesara profundizar en el análisis de las desviaciones de cada producto o de cada familia se realizaría el mismo proceso que se ha seguido en los diferentes niveles explicados para cada uno de ellos. Para poder realizar la imputación por productos es necesario que se pueda disponer de los tiempos reales de fabricación de los diferentes productos en cada una de las secciones. En función de los tiempos reales y de los tiempos standard unitarios podríamos calcular las horas productivas para cada producto. A partir de las unidades productivas, punto de partida del cálculo de las desviaciones se podría descomponer las desviaciones en actividad por productos.

c) La mano de obra directa se ha considerado englobada dentro de los g.i.f. sin estudiarla de forma particular. Cuando en una empresa la m.o.d. es variable, o se la considera como tal, el análisis de las desviaciones de m.o.d. se realizaría de forma similar al de las desviaciones de los costes de materias primas. Lo mismo es aplicable para cualquier tipo de gasto variable. En estos casos la desviación se calcularía en función de la desviación en precios (económica) y en consumos (técnica).

d) El análisis de desviaciones en los g.i.f. se ha presentado de tres maneras diferentes. En cada uno de los niveles desarrollados aunque el resultado es el mismo las desviaciones en actividad y en presupuesto difieren como consecuencia de que el importe

169

que se considera como g.i.f. previstos es diferente en cada caso. Sin embargo, para todos ellos el punto de partida es el concepto de las horas productivas que se refiere a las horas de fabricación que deberían haber requerido los diferentes productos según las estimaciones de tiempo unitario standard realizadas al principio de la confección del presupuesto:

- En el nivel A se toma el importe de los g.i.f. del mes previsto inicialmente sin realizar ningún ajuste:

  - De la diferencia entre éste y los g.i.f. reales se obtiene la desviación en presupuesto.

  - La desviación en actividad corresponde al coste de subactividad de las horas productivas reales respecto a las disponibles previstas.

- En el nivel B el importe de los g.i.f. previsionales del mes se ajustan al nivel de horas productivas:

  - De la diferencia entre éste y los g.i.f. previsionales del mes ajustados a las horas disponibles reales se obtiene la desviación en actividad.

  - De la diferencia entre los g.i.f. previsionales del mes ajustados a las horas disponibles reales y los g.i.f. reales se obtiene la desviación en presupuesto.

- En el nivel C el importe de los g.i.f. previsionales del mes se calcula en función del coste unitario anual multiplicado por las horas productivas del mes.

  - De la diferencia entre éstos y los g.i.f. previsionales del mes ajustados a las horas efectivas reales se obtiene la desviación en actividad.

  - De la diferencia entre los g.i.f. previsionales del mes ajustados a las horas efectivas reales y los g.i.f. reales se obtienen la desviación en presupuesto.

e) En la exposición presentada se ha indicado que se establece un standard para todo el año. Las características del sistema presupuestario permiten, sin embargo, que se puedan realizar diferentes standard de precios (por ejemplo en materias primas). Introducir diferentes standard obliga a que si se calcula un coste standard promedio se tengan que realizar ajustes contables por la diferencia entre el standard anual y los standard de los diferentes meses.

f) El análisis de desviaciones es el punto de partida del control a posteriori y un instrumento muy útil para la toma de decisiones correctivas. Sin embargo, el análisis hay que realizarlo con atención para distinguir claramente las desviaciones que han sido responsabilidad de un directivo de las que se han podido deber a otras circunstancias. Suele ser habitual, también, que muchas veces los standards de partida no sean adecuados lo cual distorsiona el sentido de las desviaciones.

• Las desviaciones producidas en los costes de materias primas pueden obedecer a razones como:

— Precio: cambios en el precio por adquirir diferente calidad de materias primas de la que estaba prevista, cambios imprevisibles en el entorno (aranceles, transporte, moneda extranjera), aprovechamiento de descuentos no previstos, falta de planificación en las compras, etc.

Hay que tener en cuenta también que al fijarse un precio standard medio para todo el año en condiciones de cambios frecuentes de precios las desviaciones no son indicativas.

— Consumo: cambios en la tecnología utilizada, mayor o menor calidad de los materiales utilizados, eficacia de la gestión de mantenimiento del equipo productivo, relaciones laborales, etc.

• Las desviaciones en los g.i.f. pueden obedecer a cambios en los precios (diferencias no previstas sobre los convenios, cambios en la Seguridad Social, cambios de suministradores de servicios, etc.) y en la eficiencia (aprendizaje y experiencia, formación, modificación del tamaño de los lotes, tipos de productos que se fabrican pues hay que presentan pocas dificultades y otros en cambio con más problemáticos, retrasos en la recepción de material, averías en las máquinas, problemas de falta de energía, etc.).

171

Bibliografía

AMAT, J. M.: «Contabilidad de Costes». Colección EADA Gestión. Edicions Gestió 2.000, S. A. Barcelona, 1987.

BALLARÍN, E.; J. M. ROSANAS y M. J. GRANDES: «Sistemas de Planificación y Control». Biblioteca de Gestión. Editorial DDB. Bilbao, 1986.

BUENO CAMPOS, E., CAÑIBANO CALVO, L., y FERNÁNDEZ PEÑA, E.: «Contabilidad Analítica». Ministerio de Hacienda. Madrid, 1980.

DEARDEN, J.: «Sistemas de Contabilidad de Costes y de Control Financiero». Ediciones Deusto. Bilbao, 1977.

HORNGREN, CH.: «Contabilidad de Costes». Prentice Hall International. Bogotá, 1977.

Otros títulos publicados por EDICIONES GESTION 2000, S.A.

Del mismo autor:

Contabilidad y finanzas de hoteles
Comprender el Nuevo P.G.C.
Análisis Técnico bursátil

De otros autores:

Planificación financiera. **J.M. Amat**
Manual práctico de valoración de empresas. **E. Santandreu**
Introducción a las opciones financieras. **Oller-Vila-Abelló**
Gestión de tesorería con futuros financieros. **Adell-Ketterer**
Estudios de viabilidad (incluye diskette). **V. Amorós**
Terminología contable europea. **J.C. Tournier**
Manual de control interno. **R. Poch**
Control presupuestario. **J.M. Amat**
Inversiones extranjeras en España. **I. Bañares**
Cómo hacer negocios en España. **Bové Montero & Cía.**
La nueva legislación mercantil. **J. Ribalta**
Creación y expansión de empresas: Fuentes de información y financiación. **M. Ariño**
Management para banqueros. **W. Braddick**

Otras temáticas con títulos publicados

PRODUCCION
FACTOR HUMANO
DESARROLLO PERSONAL
MANAGEMENT
MARKETING
CONTABILIDAD
FINANZAS
DERECHO
BANCA
C.E.E.-1993

—————— **Pida nuestro catálogo a su librero** ——————